S'AIMER SOI-MÊME

DISTRIBUTION:
• Pour le Canada:
  AGENCE DE DISTRIBUTION POPULAIRE INC.
  955, rue Amherst, Montréal H2L 3K4
  (Tél.: (514) 523-1182)

• Pour la Belgique:
  VANDER, S.A.
  Avenue des Volontaires 321,
  B-1150 BRUXELLES, Belgique
  (Tél.: 02-762-0662)

Cet ouvrage a été publié en langue anglaise sous le titre:

SELF-LOVE The dynamic force of success
Par: Hawthorn Books, Inc.,
260 Madison Avenue, New York, New York, 10016

Conception graphique de la couverture:
PHILIPPE BOUVRY

Version française:
CLAIRE LYNE AECHERLI

ISBN: 2-9200-0024-1

ROBERT H. SCHULLER

S'AIMER SOI-MÊME

La force dynamique qui vous mène au succès

Les éditions Un monde différent ltée
3400 Boul. Losch, Local 8
Saint-Hubert, Québec, Canada
J3Y 5T6

Dédié à mes chers confrères associés

Harold Leestma
Raymond Beckering
Kenneth Van Wyk
Henry Poppen
Frank Boss
Kenneth Narrower
Gene Pearson
Sheldon Disrud
Richard Unfreid

TABLE DES MATIÈRES

INTRODUCTION
DU DOCTEUR NORMAN VINCENT PEALE

L'auteur de cet ouvrage est un homme dynamique à l'esprit créateur, recherchant toujours des vérités significatives pour sa propre vie et qu'il peut, à son tour, communiquer aux autres. Il croit aussi que lorsque vous faites face à un problème, vous pouvez trouver une solution.

Dans cet ouvrage intitulé *S'aimer soi-même: la force dynamique qui vous mène au succès*, Robert Schuller présente la source de l'effort humain. Il croit que l'amour de soi est une force vitale de l'existence humaine et que quiconque ne s'aime pas lui-même ne pourra jamais vraiment vivre en harmonie avec les gens, réaliser ses rêves et objectifs, ni en jouir après les avoir atteints. Il ne parle pas d'un amour de soi égoïste ou empreint de narcissisme, mais de la création et de la réalisation d'une croyance et d'une confiance réelles en vous-même en tant que personne véritable.

Il y a quelques années, Robert Schuller a écrit un livre passionnant intitulé *Move ahead with possibility thinking*

(Progressez en croyant aux possibilités). Grâce à ce livre, il a inspiré et influencé beaucoup plus de gens que ceux qui remplissent son église à craquer tous les dimanches matins. Dans cet ouvrage, il énonce sa conviction profonde que si vous désirez réaliser vos ambitions et vos objectifs, vous devez penser et agir de façon positive. Cependant, beaucoup de gens semblent incapables de penser et d'agir ainsi. En cherchant la raison pour laquelle ces gens n'arrivaient pas à vivre de manière positive et victorieuse, Robert Schuller a découvert l'importante notion de l'amour de soi.

Si vous êtes un de ceux qui doutent constamment de leurs propres capacités; s'il vous arrive fréquemment de vous éveiller le matin en vous haïssant pour votre manque d'accomplissement; si vous n'avez pas d'estime pour vous-même, vous trouverez dans ce livre des moyens de vous débarrasser de ces émotions destructrices. Vous apprendrez comment remplacer ce mépris par un amour de vous-même normal, qui engendre la confiance et la foi en soi.

Si vous êtes envahi par l'hésitation et le doute, ce livre vous aidera à découvrir une force renouvelée et un nouvel espoir pour affronter les problèmes de la vie quotidienne. Si vous ne vous aimez pas réellement; si vous ne croyez pas tellement en vous-même; si vous ne respectez pas vraiment vos propres idées, on vous enseignera comment vous pouvez vous transformer. Vous apprendrez qu'il est important de s'aimer soi-même. On vous montrera comment acquérir cette qualité importante si vous ne la possédez pas et comment la développer en vous-même et chez ceux qui vous entourent.

Les enseignements précieux contenus dans ce livre peuvent s'appliquer non seulement à votre vie, mais aussi à celle de votre famille, de vos amis et de vos associés.

La vie entière de l'auteur démontre avec quelle autorité il peut parler de l'accomplissement. Avec la petite somme d'argent que le siège de sa confession lui avait octroyée pour qu'il fonde une église dans le sud de la Californie, il a su construire, en douze courtes années, un édifice somptueux, ainsi que l'un des plus grands organismes religieux des États-Unis. On vient d'ajouter une Tour de la Foi de treize étages au complexe, dans laquelle des hommes et des femmes dédiés enseignent à d'autres comment reconstruire leur existence bouleversée. Là où d'autres doutent ou renoncent, Robert Schuller avance toujours avec foi et confiance, croyant fermement que tout ce qui est valable et bon est possible.

Après avoir lu ce livre, vous serez animé par l'enthousiasme et la pensée constructive de cet homme. Si vous prenez son message au sérieux, des horizons nouveaux s'ouvriront devant vous. Vous serez soudain en mesure d'accomplir une grande partie de ce qui, jusqu'à présent, vous semblait impossible ou trop difficile. Cet ouvrage vous aidera à mieux vous aimer vous-même. Et en vous aimant d'une façon normale et saine, vous vous construirez une vie des plus agréables.

COMMENT CE LIVRE VOUS AIDERA
À VOUS AIMER VOUS-MÊME AFIN
DE VIVRE PLEINEMENT

Après la parution de *Move ahead with possibility thinking* (Progressez en croyant aux possibilités), j'ai eu le plaisir de recevoir plusieurs lettres de lecteurs qui exprimaient leur appréciation de mes écrits. Mais j'ai aussi reçu des lettres de gens qui affirmaient qu'après avoir pratiqué la Pensée Positive, ils retombaient inévitablement dans la pensée négative. Je me suis alors rendu compte que bien des gens semblaient incapables de briser les liens de la pensée négative qui emprisonnent leur esprit dans un tombeau obscur.

Comment se fait-il, me suis-je alors demandé, que même après avoir lu des livres indiquant la voie vers la pensée positive, certaines gens puissent demeurer négatifs? Pourquoi ces gens ont-ils de la difficulté à affronter les problèmes de la vie avec l'assurance de les vaincre? Pourquoi, comme tant d'individus que j'ai rencontrés, abordent-ils instinctivement tous les défis en déclarant «c'est impossible» ou «ça ne marchera pas»?

UN BIEN PLUS PRÉCIEUX QUE LA PENSÉE POSITIVE

Après y avoir bien réfléchi, je me suis rendu compte que les gens qui pensent de façon négative ont tout simplement une piètre estime d'eux-mêmes.

Tous les penseurs négatifs que j'ai rencontrés n'ont aucune confiance en eux-mêmes, se sous-estiment, se méprisent.

On retrouve ce manque d'estime de soi à la base de chacun de nos problèmes personnels. Après la Sainte Bible, ce livre peut être le meilleur livre que vous ayez lu ou que vous lirez, s'il vous amène à la découverte la plus excitante et la plus constructive qui existe au monde: celle de la valeur personnelle qui sommeille en vous et qui est encore plus importante que la pensée positive.

Un jour, je défiais un penseur négatif de devenir un penseur positif; sa réponse fut révélatrice. «Ça ne vaut pas l'effort», m'a-t-il déclaré. Pendant qu'il parlait, j'ai observé ses yeux, reflet de son âme et je me suis rendu compte qu'il ne pensait pas ce qu'il disait. Il voulait dire en réalité: «Je n'en vaux pas la peine». J'ai renoncé à le convertir à la pensée positive. Mais, je me suis efforcé de développer dans son esprit l'image de la valeur immense qu'il représentait. Et, petit à petit, en cessant de se détester et en commençant à s'aimer, il a repris goût à la vie. Il est devenu une penseur positif.

16

DÉCOUVREZ LA PERSONNE MERVEILLEUSE QUE VOUS ÊTES VRAIMENT — OU QUE VOUS POUVEZ ÊTRE

Quoi qu'il vous soit arrivé dans la vie, vous n'êtes ni *le pire des ratés*, ni *un pécheur impénitent*, ni *un parfait incapable*. Dans les vingt ans que j'ai passés à conseiller les gens, on m'a répété des centaines de fois ce mensonge exagéré, faux et destructif. Presqu'à chaque occasion, je décelais en la personne qui se condamnait de façon si injuste, irraisonnable et peu charitable, de précieuses qualités que j'ai pu lui faire remarquer. En lisant ce livre, vous vous apercevrez qu'il existe des sphères illimitées intactes chez tous les êtres humains.

LA RÉGÉNÉRATION DE VOTRE ESTIME PERSONNELLE S'OPÈRE

Et à cet instant, vous serez
calme et posé plutôt que tendu,
confiant plutôt que confus,
audacieux plutôt que timide,
enthousiaste plutôt qu'ennuyé,
enclin au succès plutôt qu'à l'échec,
énergique plutôt que fatigué,
d'humeur agréable plutôt que hargneuse
positif plutôt que négatif,
enclin à vous pardonner plutôt qu'à vous condamner,
à vous respecter plutôt qu'à vous dénigrer

POURQUOI JE CROIS POSSÉDER LES RÉPONSES À VOS QUESTIONS

Je sais que cet ouvrage peut vous aider, car ses principes ont souvent été éprouvés dans le laboratoire de l'expérience humaine. Au cours de mes vingt ans de ministère, j'ai eu l'occasion de conseiller des milliers de croyants de l'État le plus

S'AIMER SOI-MÊME

populeux des États-Unis. Chaque dimanche, je m'adresse à près de six mille personnes. Les gens confient souvent leurs problèmes au pasteur, quand ils n'osent pas consulter quelqu'un d'autre. Beaucoup d'entre eux craignent la psychiatrie et le psychiatre. Ils pensent, bien à tort d'ailleurs, qu'ils seront mal vus si on apprend qu'ils subissent une psychanalyse. Fréquemment, leur conseiller religieux leur donnera le nom d'un psychiatre après les avoir assurés que leurs craintes sont tout à fait injustifiées. On m'a consulté pour tous les problèmes humains imaginables et je n'ai encore vu personne qui ne s'améliore grandement aussitôt qu'il apprend à ressentir un sentiment de chaleur et d'affection pour lui-même. En guise de thérapie spirituelle, je me suis surtout employé à inspirer et à développer l'estime de soi chez les humains. Les principes que j'utilise sont tous décrits dans ce livre. Mes expériences me permettent de vous offrir une valeur dont vous avez vraiment besoin et que vous désirez ardemment. Je crois fermement que le dégoût de soi conduit à la ruine, mais que l'estime de soi élève au sommet!

CE LIVRE S'ADRESSE À BEAUCOUP DE GENS

Cet ouvrage ne s'adresse pas qu'aux malheureux qui se sous-estiment. Il s'adresse aussi à ceux qui ont confiance en eux-mêmes. Même les gens qui se respectent et qui nagent dans le succès doivent parfois affronter des déceptions, ou se rendre à l'évidence qu'un jour, ils devront céder leur place à d'autres. Que se produit-il alors? Comment pouvez-vous vous aimer vous-même lorsque vous devenez ce que vous pourriez qualifier «d'ex-entrepreneur»? Ce livre vous fournira de précieuses réponses; je vous le garantis!

Cet ouvrage s'adresse autant au financier prospère qu'au pauvre. On constate d'ailleurs avec étonnement que le taux de suicide est supérieur dans la classe riche que parmi la population à faible revenu.

18

Si vous faites partie d'une minorité opprimée, ce livre vous indiquera peut-être comment obtenir ce que vous désirez, qui que vous soyez, et où que vous viviez.

Ce livre s'adresse à ceux qui ont des problèmes. Il est essentiel de comprendre que pour être à même de surmonter les obstacles, il faut d'abord que s'opère la régénération de l'estime de soi.

Cet ouvrage pourra également guider les professeurs. L'enseignement le plus efficace consiste à insuffler à l'étudiant la ferme assurance du potentiel illimité qu'il renferme au plus profond de lui-même.

Cet ouvrage saura probablement offrir des réponses à l'ecclésiastique. Si votre mission est de sauver les âmes, vous pouvez la remplir en les libérant du péché de mépris de soi, pour les élever jusqu'au salut et à l'estime de soi. Vous devez bien comprendre que l'entêtement est un péché, mais que l'amour de soi conduit au salut!

Ce livre peut apporter la lumière sur des relations humaines améliorées entre patrons et employés. En comprenant que ses employés ont besoin de profiter d'une certaine dignité personnelle, le directeur saura les rendre heureux. Imaginez quelle efficacité, quelle coopération et quelle production il obtiendra!

Cet ouvrage peut aussi servir aux politiciens. En se rendant à l'évidence que la dignité personnelle est la valeur humaine la plus élevée, qu'on ne la suscite pas en faisant l'aumône et que tous les humains ont droit à l'amour de soi, ils serviront l'humanité d'une façon positive, entraînante et progressiste.

C'EST À VOUS DE DÉVELOPPER VOTRE RESPECT DE VOUS-MÊME

Les autres ne peuvent vous respecter si vous ne vous respectez pas vous-même. Si vous vous sous-estimez, ceux qui normalement vous admireraient penseront que vous avez raison et qu'eux se trompent. Dans la vie, il vous faudra tout l'encouragement que vous pourrez trouver. Vous apprendrez à devenir votre meilleur ami. On a besoin de tous ses amis pour traverser les moments difficiles avec le sourire. Alors vous ne pouvez pas vous permettre de vous perdre en tant qu'ami. Vous sentirez l'espoir, la foi, l'amour, l'optimisme et la joie se développer en vous et vous vous aimerez encore plus. Et les autres aimeront tout naturellement cette nouvelle personne. Vous vous sentirez toujours plus fort et le succès en découlera.

POUR ÊTRE VRAIMENT MIEUX, IL FAUT S'AIMER SOI-MÊME

Le sentiment merveilleux de l'affection pour soi-même n'est pas un péché. Le péché, c'est de ne pas aimer ce que Dieu aime. La vraie religion nous enseigne que Dieu aime chaque humain. Tant que vous ne vous aimerez pas vous-même, vous n'aimerez pas Dieu. C'est d'ailleurs ce que Jésus exprimait en dictant un de ses commandements: Tu aimeras le Seigneur ton Dieu et ton prochain *comme toi-même*.

Un de mes paroissiens milionnaire a perdu toute sa fortune. Pire encore — il a perdu tout respect de lui-même. En tant que conseiller spirituel, je cherchais à relever son esprit abattu et je lui ai demandé: «Aimez-vous Dieu?» «Oui» m'a-t-il répondu.

«Vous aimez-vous?»

«Non.»

«Alors vous n'aimez pas vraiment Dieu, parce que Dieu vit aussi en vous», lui ai-je déclaré.

Il a compris que l'on ne peut affirmer honnêtement que l'on aime Dieu si l'on ne s'aime pas soi-même! En réalisant cela, il a alors décidé d'apprendre à s'aimer lui-même. Quand il y est parvenu, son *amour de Dieu* s'est transformé en une foi puissante en Dieu. Sa foi était si forte qu'il a tout recommencé à zéro et qu'aujourd'hui il progresse très rapidement.

LORSQUE VOUS AUREZ LU CE LIVRE, VOUS SEREZ UNE PERSONNE TRANSFORMÉE

C'est facile à prédire. La semaine prochaine vous serez différent de ce que vous êtes aujourd'hui. Nous changeons tous constamment, parfois nous nous améliorons, d'autres fois nous empirons. Vous vous améliorez lorsque vous nourrissez sainement votre esprit et votre corps. Le plus difficile pour vous sera de croire fermement: «Je suis bien meilleur que ce que je crois.»

Il vous est *possible* de devenir une personne merveilleuse et précieuse. Pouvez-vous le croire? Si oui, je vous le promets, votre avenir vous réserve des moments extraordinaires.

I

Ce que vous voulez vraiment dans la vie
Le désir ultime de l'homme

Le docteur Robert Audrey a écrit: *Je perçois de l'agitation en l'homme; une insatisfaction universelle; selon moi, l'être humain moyen se sent mal dans sa peau. Il ressemble à l'homme qui, tenaillé par la faim, se lève au milieu de la nuit, ouvre le réfrigérateur, et n'y trouve pas ce qu'il veut parce qu'il ne sait pas ce qu'il veut. Il referme la porte et retourne se coucher.*

Nous parcourons notre vie tenaillés par une faim mystérieuse, ignorant ce que nous voulons vraiment. C'est un peu comme si nous passions des vacances sans savoir exactement ce que nous voulons faire, où nous désirons aller, ni comment passer le peu de temps dont nous disposons. Et quand vous décidez enfin de ce que vous voulez faire et où vous voulez aller, il est trop tard.

On avait donné une pièce de monnaie à un petit garçon pour qu'il la dépense comme il le déciderait. Il a parcouru un magasin de jouets; la pièce lui *brûlait* le fond de la main. Il a d'abord aperçu un livre, puis une voiture de plastique et enfin, un sac plein de ballons gonflables. Plus il regardait et touchait, moins il savait comment dépenser sa pièce de monnaie. Il n'arrivait pas à se décider. Finalement, il a acheté un sifflet. Il est sorti du magasin en sifflant joyeusement, tout excité par sa musique. Mais rendu à mi-chemin de la maison, le son du sifflet l'agaçait déjà. Tout à coup, il fondit en larmes en criant: Pourquoi ai-je acheté un sifflet? Après tout, ce n'est pas ce que je voulais!» Il avait dépensé son argent pour acheter quelque chose qu'il *pensait* vouloir.

Trop de gens traversent l'existence de cette façon! Ils se retrouvent à la fin de leur vie découragés, insatisfaits, sans avoir trouvé l'occasion de s'épanouir, se doutant tristement qu'ils n'ont jamais découvert ce qu'ils désiraient vraiment.

Que désirez-vous le plus au monde? Quelle est la force motrice fondamentale de la vie? Il se peut fort bien que vous ne sachiez pas vraiment répondre à ces questions essentielles. Pendant des siècles, les philosophes, les chefs religieux, les psychologues et les anthropologues ont étudié la nature humaine sous tous ses angles pour trouver la réponse. Jetons donc un bref coup d'oeil à certaines de leurs conclusions.

LA SURVIE

«Le besoin le plus pressant de l'homme est la survie», m'a déclaré l'anthropologue Jean-Pierre Hallet. Plusieurs seront d'accord sur ce point. À moins d'être déséquilibré, vous voulez survivre. La *volonté de vivre* est une force extraordinairement puissante, mais la survie en elle-même n'est pas l'unique ni la plus importante force de motivation. Une multitude de personnes saines d'esprit ont décidé de façon rationnelle de risquer leur vie pour atteindre des objectifs qui, pour elles, étaient plus précieux que la vie elle-même. Le patriotisme a poussé des millions de soldats à s'engager dans le combat prêts à faire le sacrifice suprême. Des millions d'humains courageux ont choisi de mourir dignement plutôt que de vivre dans la honte.

LE DÉSIR DE S'AMUSER

Selon Sigmund Freud, le *désir de s'amuser* se trouve à la base des besoins humains les plus profonds. Il ne fait aucun doute que le désir de s'amuser motive réellement le comportement humain avec intensité. D'autre part, des millions d'hommes et de femmes ont méprisé le plaisir physique pour se consacrer au travail, à l'amour, à la religion, ou à la défense militaire. L'homme est assoiffé de satisfactions bien plus profondes que le plaisir. Même lorsque les yeux, l'estomac, les oreilles et les organes sexuels de l'humain sont rassasiés, l'esprit réclame plus que ces satisfactions immédiates.

LE SENTIMENT DE PUISSANCE

Un psychiatre renommé, Alfred Adler, a suggéré que le *désir de puissance* pouvait tout expliquer. Le désir ardent de contrôler, la convoitise de la royauté, l'exaltation de pouvoir commander, illustrent clairement la soif de puissance qui anime les humains. Les pages sanglantes de l'Histoire démontrent de façon horrible que l'homme n'hésite pas à tuer, à tromper, à mentir, à vendre son âme pour accéder au pouvoir.

Cependant, la puissance ne satisfait pas entièrement. Bien au contraire, il semble plutôt que ce pouvoir génère des sentiments d'anxiété et d'insécurité terribles. L'homme qui domine est aussi le plus visé, le plus menacé et le plus défié par ceux qui l'envient. Notre pays détient une puissance économique, militaire, technologique et intellectuelle inégalée. Et pourtant, sa puissance énorme ne lui apporte pas le respect total des autres nations. Il devient futile et frustrant de posséder le pouvoir sans le respect.

Je crois que ni le désir de survivre, ni celui de s'amuser, ni même celui de la puissance ne se trouvent à la base des actions et des motifs humains. Considérer ces forces comme les besoins fondamentaux de l'homme équivaudrait à concevoir les ondes superficielles d'une rivière comme ses courants principaux. Sous les signes d'émotions humaines apparents se cache un besoin primordial que nous devons absolument découvrir avant de pouvoir atteindre nos objectifs réels.

Voyons maintenant quelques autres théories à propos des forces motrices fondamentales de l'humanité.

UNE RAISON DE VIVRE

En affirmant que le désir ultime de l'homme est d'avoir une raison de vivre, Viktor Frankl dévoile un puissant courant sous-jacent de forces de motivation humaines. Selon ses observations, il a remarqué que l'homme peut retrouver son équilibre mental et émotionnel en découvrant un sens à sa vie. Ceci expliquerait comment certaines personnes peuvent se sentir en paix au milieu de graves souffrances et privations. Elles peuvent y déceler un sens. Mais tout au fond de nous-mêmes, nous recherchons plus qu'un sens.

LA FORCE CRÉATRICE

Tous les humains se sentent satisfaits en voyant les résultats de leur créativité. Certains se privent même de plaisir, de pouvoir et même d'amour pour se dédier à une stimulante entreprise de création dans un grenier solitaire. De plus, il est évident que beaucoup de gens souffrent de frustration suivie d'angoisses en se voyant contraints à un travail servile qui ne permet pas à leur potentiel créatif latent de s'exprimer. En fait, la créativité est pour l'homme un courant intérieur extrêmement fort. Mais le besoin de créativité n'est pas la force fondamentale que nous recherchons.

L'AMOUR DE SOI

Je crois fermement que *l'amour de soi* est le désir ultime de l'homme; autrement dit, que l'on désire, plus que tout au monde se sentir considéré comme une personne de valeur. C'est le courant le plus profond de tous, qui pousse l'homme à aller de l'avant et à progresser. Toutes les autres forces: le plaisir, le pouvoir, les raisons de vivre, la créativité ne sont que des symptômes, la tentative de satisfaire au besoin primordial de dignité personnelle. Considérons par exemple le désir de s'amuser. Posez-vous la question suivante: Quelle différence y a-t-il entre le plaisir et le labeur? Ce que vous pourrez considérer comme une distraction sera peut-être une corvée pour quelqu'un d'autre.

J'ai toujours aimé la plongée sous-marine. Un jour, au large de Catalina, j'ai harponné un poisson énorme. Quel combat pour l'amener près du capitaine qui allait le hisser à bord! J'étais à bout de forces, mais également fou de joie! Maintenant supposons que je doive pêcher jour après jour pour gagner ma vie. Ce *travail* m'éreinterait et je serais bien heureux de voir arriver la fin de la journée. Pourquoi ai-je éprouvé du plaisir, ce jour-là? Parce que cette expérience me permettait de m'évader complètement de mes problèmes quotidiens. Le travail devient un plaisir quand il est assez captivant ou distrayant pour nous permettre de nous oublier nous-mêmes complètement. À cette époque, je n'étais pas fier de mon embonpoint et cette aventure m'a permis d'oublier mes problèmes pendant quelques instants; c'est pourquoi elle m'a procuré tant de plaisir. Des millions de gens recherchent désespérément le plaisir pour tenter d'échapper à la tension que leur procure le fait de vivre avec une identité qu'ils n'aiment pas.

La quête d'amour de soi explique un grand nombre d'aventures sexuelles. Beaucoup de gens pensent que le sexe leur permettra de développer leur amour-propre. La jeune adolescente s'abandonne à son amoureux agressif par crainte de le perdre si elle ne va pas *jusqu'au bout*. On serait porté à croire qu'elle se donne facilement par crainte d'être rejetée. Mais en analysant la situation, on remarquera qu'elle pense inconsciemment que si on la rejette, elle se détestera. Comment pourrait-elle s'aimer si les garçons ne veulent pas d'elle?

On a remarqué que les hommes de quarante ans qui passent d'une aventure amoureuse à une autre sont en réalité menés par un sentiment d'insécurité profond. Aux dépens de la dignité d'une autre personne, ils essaient de se prouver qu'ils sont *des surhommes!* Et ils ne s'aperçoivent pas que les aventures où l'on traite les individus comme des *objets* nuisent plus à l'amour de soi qu'elles ne l'affermissent.

Il arrive que ces hommes pensent également à tort que (1) s'ils arrivent à devenir puissants et influents, les gens les connaîtront; (2) si les gens les connaissent, ils les aimeront peut-être; (3) s'ils sont aimés des autres, ils s'aimeront eux-mêmes; (4) s'ils se trouvent dans une position dominante, ils pourront forcer le respect des autres. Ils ne se rendent pas compte qu'ils ne désirent pas vraiment la puissance, mais l'amour véritable de soi. La recherche du plaisir représente souvent un effort désespéré d'éviter de connaître sa propre identité; d'un autre côté, le désir du pouvoir est souvent une tentative maladroite de se prouver qu'on est *une personne extraordinaire.*

Ceci explique le comportement d'un homme d'affaires qui désirait ardemment devenir président de sa compagnie. Après des années de lutte et de travail acharné, il a réussi à monter une organisation de ventes à l'échelle nationale. On l'a nommé au poste de président. Cette fois-ci, il était au sommet et fou de joie! Cet emballement lui a fait croire qu'il avait enfin trouvé le bonheur.

Puis les choses ont commené à se gâter. Les affaires ont diminué. Il a d'abord fallu fermer le bureau de New York, puis celui de Chicago. En voyant son empire se désagréger, il se rendait compte qu'il perdait une entreprise qu'il avait mis des années à instituer. Puis, un jour, il a dû fermer son dernier bureau.

Voici comment cet homme raconte son histoire: «J'ai verrouillé la porte de mon bureau. Je ne me suis jamais senti aussi bas qu'au moment où j'ai dû tourner le dos à la porte qui enfermait tous mes rêves détruits. J'ai marché lentement jusqu'au terrain de stationnement, j'ai pris place dans ma voiture et je suis rentré chez moi. Oh, mon Dieu, c'était tout ce qu'il me restait! Je suis entré dans la maison. Je m'attendais à entendre ma femme m'interpeller: *C'est toi, chéri?* Mais je n'ai rien entendu. Je me suis rendu à la cuisine et j'y ai trouvé un billet qui mentionnait: *Je suis partie faire des courses. Je rentrerai tard.* Je me suis écroulé sur une chaise; j'étais accablé.

«Tout à coup, la porte s'est ouverte. C'était ma fillette qui rentrait de l'école. Elle a posé sa boîte à lunch sur la table, m'a remarqué, et s'est exclamée: *Papa! Comment se fait-il que tu sois rentré si tôt?* Je lui ai répondu: Eh bien, mon petit, papa a changé de travail, mais n'en parlons pas maintenant, d'accord? Alors ma fille m'a sauté sur les genoux, s'est pressée très fort contre moi, a approché son petit visage doux contre ma figure et m'a donné le baiser le plus doux et le plus chaleureux en disant: *Oh, papa, je t'aime tant!* Ça m'a bouleversé. Mes lèvres ont tremblé. Elle m'a dit: *Qu'est-ce qui ne va pas, papa?* Et j'ai répondu: Rien, chérie, rien du tout. Tout va très, très bien!

«Et j'étais vraiment sincère. À cet instant je me suis aperçu que je possédais ce que je désirais vraiment. Soudain, toute l'histoire de ma vie s'est déroulée dans mon esprit: un jeune homme qui voulait parvenir au sommet pour qu'on reconnaisse sa valeur, pour se sentir important, pour être aimé, pour pouvoir vraiment se respecter! Eh bien, j'avais ce que je désirais. Tout était là, sur mes genoux! J'étais aimé. Puis, en ai-

mant et en étant aimé, j'ai trouvé ma valeur personnelle, le
respect de moi-même et ma dignité.»

Comme vous l'avez constaté, l'homme recherche la dignité
et non le pouvoir. L'homme recherche la dignité et non le
statut. Il a terriblement tort s'il se figure que le statut lui redonnera le sens de sa valeur.

Ceci expliquerait pourquoi un *chercheur de statut* très doué
a démissionné dès qu'il fut parvenu au sommet. «Ce poste ne
me satisfaisait pas; en fait il me dégoûtait. Je devais faire
semblant d'aimer des gens que je n'aimais pas et que je ne
pouvais pas souffrir. Je devais ignorer des choses que je savais
malhonnêtes. Je devais renoncer à mes principes moraux et
éthiques pour parvenir au sommet et pour y rester. Lorsque
j'étais gai, je me réjouissais de ma situation de *gros bonnet!*
Mais j'étais insatisfait, parce que cette situation faussait à mon
sens des valeurs, et je ne pouvais me respecter. Alors j'ai
démissionné.»

Bien sûr! Il a démissionné parce qu'il s'est rendu compte qu'il
n'avait pas obtenu ce qu'il pensait désirer. Il n'a pas obtenu ce
qu'il désirait parce qu'il ne savait pas qu'en réalité, il recher-
chait une estime exaltante de lui-même.

Même le désir d'aimer est un masque subtil dissimulant un
désir de s'aimer soi-même plus profond et invisible. Enfants,
nous apprenons que nous aimons et que, généralement, nous
sommes aimés; ceci nous laisse une merveilleuse sensation de
bien-être. Nous ne nous rendons pas compte à ce moment-là
que cette sensation de bien-être nous vient en réalité de
l'amour que nous avons pour nous-mêmes. Toute notre vie,
nous sommes donc poussés par un besoin pressant d'aimer,
sans nous rendre compte que nous ne recherchons pas
l'amour pour lui-même, mais pour alimenter notre amour-
propre. Tout jeunes, nous découvrons également que le fait

d'aimer quelqu'un d'autre nous comble d'une sensation merveilleuse de bien-être. Mais nous n'analysons pas nos sentiments assez profondément pour nous apercevoir que cette sensation de bien-être est en réalité de l'amour de soi. Le besoin d'aimer ou d'être aimé est donc une impulsion nous poussant soit à partager un amour-propre puissant, soit à renforcer notre amour-propre trop faible.

Si on l'observe bien, même le désir d'une raison de vivre est une expression de notre désir d'amour-propre. Nous serons toujours incapables de vivre avec nous-mêmes si nous ne discernons aucun sens à notre existence, aucun sens à nos souffrances, aucun sens à nos accomplissements, aucun sens à notre amour. Alors que d'un autre côté nous serons capables d'endurer des souffrances terribles si nous voyons le bien qu'elles peuvent susciter. Si nos souffrances ont une signification, elles en deviennent nobles et nous donnent un sentiment de valeur. Une raison de vivre ne sert à rien si elle n'alimente pas l'estime que nous avons de nous-mêmes.

Et le désir de créativité? L'horloger qui a fabriqué une montre peut regarder sa création et s'y reconnaître. Si sa création est excellente, elle témoignera de la valeur de celui qui l'a fabriquée. Le désir de créativité est par conséquent une tentative constructive et saine de satisfaire à un désir plus profond: celui de l'amour de soi.

L'HOMME EST UN ANIMAL QUI RECHERCHE LE PLAISIR, LE POUVOIR, L'AMOUR, UNE RAISON DE VIVRE, LA CRÉATIVITÉ, PARCE QU'AVANT TOUT ET TOUTE CHOSE, L'HOMME EST UNE CRÉATURE QUI RECHERCHE LA DIGNITÉ.

Dès que vous vous apercevez que dans la vie, votre désir le plus pressant n'est ni la survie, ni le plaisir, ni le pouvoir, ni l'amour, ni une raison de vivre vous vous dirigez vers la santé émotionnelle, mentale et spirituelle. Car ce que vous désirez vraiment, c'est vous connaître et vous apprécier.

LE DÉSIR UNIVERSEL DE L'AMOUR DE SOI

Le désir de s'aimer soi-même est universel. On peut distinguer son visage tordu et défiguré dans tous les groupes d'âge, de race et de nationalité. Les Orientaux doivent sauver la face. Les tribus primitives renforcent fièrement leur dignité en combattant et en s'ornant les oreilles, les lèvres et le corps de décorations qui entretiennent leur amour-propre. L'amour de soi rend les Américains effrontés; les Anglais hautains; les Français orgueilleux; les Espagnols, arrogants; les Hollandais et les Allemands, têtus; les Irlandais, impétueux; les Scandinaves déterminés; les Grecs, les Italiens, les Slaves et les Indiens d'Amérique fiers; et les Juifs (selon leur propre chroniqueur) relèvent la tête.

Dans son livre intitulé *The Naked Ape* (Le singe nu), Desmond Morris pose anxieusement cette question profonde: «Pourquoi n'est-ce pas l'Homme qui, de tous les mammifères, est couvert de poils?» Monsieur Morris nous rappelle que si l'on étendait par terre une peau de chaque espèce de mammifères, l'une d'entre elles ressortirait avec éclat! Elle n'a pas de poils! Pourquoi? Comment l'Homo sapiens est-il devenu si dénudé de poils?

Mais on observerait un fait beaucoup plus important en plaçant tous les mammifères bien vivants dans des cages, en rang d'oignons. L'un d'eux ressortirait de façon éclatante. L'un des mammifères est poussé par une faim insatiable d'estime personnelle. Pourquoi? Comment l'Homo sapiens a-t-il développé un tel besoin d'amour de soi?

J'ai posé la question à Viktor Frankl: «S'il est vrai que tous les organismes vivants ont évolué à partir d'une amibe visqueuse dans une flaque d'eau marécageuse et si l'être humain est la forme la plus élevée de cette évolution parfaitement naturelle, pouvez-vous me dire comment l'homme a pu devenir une créature animée d'un besoin pressant de dignité, de respect de soi-même, et d'amour-propre»?

«Je ne pourrais vraiment pas répondre à cette question», m'a-t-il répondu.

Abraham Kaplan, directeur du département de philosophie de l'Université du Michigan, donnait la conférence Adolph Meyer à la réunion annuelle de l'American Psychiatric Association qui se tenait à Los Angeles. Dans son message, il défiait les psychiatres (et quelques particuliers comme moi): «Il me semble que bien souvent, les psychiatres énoncent un «Je l'ignore» très commode lorsqu'ils veulent éviter de s'engager. Ils déguisent leur lâcheté en humilité. Vous ne voulez pas l'admettre, mais en réalité l'être humain est ainsi parce qu'il y a un Dieu et qu'aussi vrai que la lune est le reflet du soleil, nous sommes les reflets de Dieu.»

L'ÊTRE HUMAIN CHERCHE AVIDEMENT À S'AIMER LUI-MÊME

Carlyle frôlait la réponse quand il a écrit: *L'homme a été créé pour la grandeur!* Le roi David y a peut-être répondu en écrivant: *L'homme a été créé à l'image de Dieu, de très peu inférieur aux anges.*

La Sainte Bible nous semble soudain logique et très scientifique. On y affirme que le premier être humain a été créé à l'image de Dieu: il avait un besoin pressant d'exprimer sa créativité, le désir d'agir de façon glorieuse et de vivre une vie grandiose. C'est pourquoi Dieu a placé *sa* merveilleuse création sous la responsabilité de l'homme, pour qu'il la commande, qu'il la gère et qu'il en prenne les décisions importantes. L'homme incarnait la dignité de façon glorieuse! Il était l'étoile de la création divine!

On comprend ainsi que le désir ardent de grandeur, de créativité, la passion pour l'excellence, le désir d'être estimé, le mépris de l'imperfection, le désir de liberté personnelle, le besoin de donner et de recevoir de l'amour, et même celui de régner et de dominer nous viennent tous de l'héritage que Dieu a transmis à nos ancêtres en créant un être humain grandiose, glorieux et fier de sa perfection.

Dès qu'un homme se sent devenir grandiose, au seuil d'une grande et noble entreprise, tout près de la gloire et du succès, son coeur bat très fort, son sang ne fait qu'un tour, son poul bat au rythme de la joie! Parce qu'il est né pour être grandiose!

Nous sentons tout au fond de nous-mêmes que nous avons été créés pour quelque chose de mieux et de plus grand que ce que nous connaissons actuellement. Nous sommes en perpétuelle transition, recherchant la dignité qui, nous le savons, fait partie de notre héritage.

L'homme est unique, car c'est un animal qui cherche à s'aimer lui-même.

L'amour de soi est, ou devrait être le désir primordial dans la vie humaine. Malheureusement, la civilisation a tellement voilé et obscurci cette force de motivation, que maintenant, nous devons aller la redécouvrir au plus profond de nous-mêmes. Nous devons même apprendre ce qu'elle est vraiment.

II

L'amour de soi: haut-de-forme ou auréole?

QU'EST-CE QUE L'AMOUR DE SOI?

La meilleure définition de l'amour de soi vient de ceux qui l'ont en eux. Vous ne serez certain de comprendre cet état émotionnel profondément satisfaisant que lorsque vous le vivrez vous-même. Alors vous serez en mesure d'en écrire votre propre définition en termes concrets. En attendant, l'expérience de quelques autres personnes vous mettra peut-être sur la bonne piste.

Cherchons d'abord la signification de l'amour de soi en définissant ce qu'il n'est pas.

L'AMOUR DE SOI N'EST PAS L'ARROGANCE

Les gens hautains et arrogants souffrent en réalité d'un manque tragique d'amour de soi. Nous savons tous que ceux qui adoptent une attitude supérieure vis-à-vis les autres cherchent en réalité à masquer leur profond complexe d'infériorité.

L'égoïsme est un symptôme flagrant d'insécurité. L'exagération découle également de l'insécurité.

L'arrogance raciale (le préjudice) naît, en grande partie, d'une insécurité profonde; d'un besoin de se sentir supérieur aux autres. Elle vient aussi de la crainte de perdre son identité à cause d'un mariage interracial. L'homme considère ses enfants et les enfants de ses enfants comme des prolongations de lui-même. La seule pensée que ses enfants ou ses petits-enfants pourraient avoir la peau de couleur différente, ou des yeux bridés, lui fait craindre inconsciemment la disparition de l'identité qui le distingue des autres. En réalité, il craint de perdre une caractéristique très personnelle qui le distingue de tous les autres.

Celui qui a confiance en lui-même et qui jouit d'un amour de soi très sain, ne se montre jamais hautain. Il sera peut-être emporté, dynamique, très enthousiaste, mais il ne se montrera jamais condescendant envers ceux qui réussissent moins bien que lui. Les gens qui s'aiment eux-mêmes ne considèrent jamais les autres êtres humains comme des inférieurs, mais comme des personnes différentes.

NE CONFONDONS PAS L'AMOUR DE SOI ET LE NARCISSISME

Vous souvenez-vous du Narcisse de la mythologie grecque qui, en se mirant dans les eaux d'un lac, est tombé amoureux de la beauté de son propre visage et de son corps? Les gens empreints de narcissisme sont exaltés par la beauté de leur apparence. On prend souvent l'orgueilleux émerveillé par la forme de ses yeux, par son profil, sa coupe de cheveux ou la forme de son nez, pour une personne qui sait s'aimer. «Oh! Comme il se trouve beau!» ou: «Elle est jolie, et elle le sait!», c'est ce qu'on entend généralement dire des gens empreints de narcissisme. En réalité, le narcissisme tout comme l'arrogance, provient d'un manque d'amour-propre véritable.

Je me souviens d'un jeune adolescent qui laissait pousser ses cheveux en longues boucles soyeuses. Ses parents s'y opposaient vigoureusement. Ils ont finalement exigé qu'il se fasse couper les cheveux. Le lendemain, leur fils s'est enfui de la maison. Ses parents étaient scandalisés. Ils n'avaient pas compris que ses cheveux longs étaient pour ce jeune homme un objet de narcissisme. Je connaissais très bien ce garçon, c'était un adolescent qui manquait de maturité et de sécurité et qui remplaçait l'amour de soi par du narcissisme. Le narcissisme n'est pas de l'amour de soi, mais un symptôme du manque désolant d'amour-propre. En fait, ceux qui ont su développer un sentiment d'amour de soi empreint de maturité ne se laissent pas impressionner par leur personne physique et organique.

LA GLORIOLE N'EST PAS L'AMOUR DE SOI

Les psychiatres pourraient très justement diagnostiquer un manque d'amour de soi chez celui dont le torse étincelle de médailles, qui couvre son bureau de trophées, qui étale sa gloire à l'excès. Ce genre de vantard souffre généralement d'une profonde insécurité. Lorsqu'on la couvre de compliments, une personne confiante fait taire ses admirateurs le plus rapidement possible. Une telle personne est consciente de sa valeur; elle n'a donc pas besoin de tels honneurs pour se rassurer.

MAIS SURTOUT — l'ENTÊTEMENT N'EST PAS L'AMOUR DE SOI

L'entêtement est aussi une expression agressive du manque d'assurance intérieure. Il se traduit par une attitude du genre: «Je veux ce que je veux et quand je le veux!» C'est un autre signe flagrant d'insécurité émotionnelle. C'est l'état infantile de notre ego en pleine action. L'entêtement provenant de l'insécurité et entretenue par un manque de confiance en soi, plante ses cornes agressives dans l'esprit de ceux qui n'ont jamais vraiment su s'aimer eux-mêmes. L'entêtement est une caractéristique déplaisante mais typiquement humaine que toutes les religions cherchent à assouplir, à guérir ou à convertir. Une personne devient pieuse lorsque son entêtement est remplacé par l'amour de soi.

QU'EST-CE QUE L'AMOUR DE SOI, ALORS?

L'amour de soi est le sentiment ultime de la valeur personnelle. C'est la noble émotion du respect de soi. C'est la conscience divine de la dignité personnelle. C'est ce que les Grecs qualifiaient de vénération de soi. C'est la confiance inébranlable en soi. C'est croire en soi avec sincérité. On l'atteint en se découvrant, en se disciplinant, en se pardonnant et en s'acceptant. On en retire une totale confiance en soi et une sécurité intérieure aussi calme que la nuit.

L'amour de soi s'exprime et s'interprète de différentes façons.

L'AMOUR DE SOI EST LA CONFIANCE QUE L'ON A EN VOUS

Lord Shaftesbury en a fait l'expérience à un coin de rue londonien. Une petite fille tremblante qui n'osait pas traverser seule la rue, a levé les yeux vers lui en demandant: «S'il vous plaît, Monsieur, voulez-vous m'aider à traverser la rue?» Shaftesbury a dit plus tard: «La confiance que cette petite fille m'accordait a été le plus grand compliment qu'on m'ait jamais fait de toute ma vie.»

L'AMOUR DE SOI, C'EST SE SAVOIR DÉSIRÉ

La joie que me fait éprouver mon amour de moi ne me vient pas tellement de mes succès personnels, mais plutôt du fait de savoir que quelqu'un a besoin de moi.

Il y a quelque temps, je rentrais d'un long voyage dans l'est du pays, au cours duquel j'ai présenté mon dernier livre, *Move Ahead with Possibility Thinking* (Progressez en croyant aux possibilités), à la radio et à la télévision. En arrivant à Garden Grove, j'ai appris la mort de Melvin Payne, l'un de mes paroissiens depuis treize ans. Je me suis immédiatement rendu à sa petite maison pour offrir mes condoléances à sa veuve.

Quand j'ai sonné à la porte, une voix fatiguée a crié: «Qui est-ce?»

«Le révérend Schuller» ai-je répondu.

«Oh! Je vous en prie, entrez!»

J'ai ouvert la porte et ai aperçu la femme âgée se levant avec peine de son fauteuil garni de coussins. Madame Payne s'est approchée de moi d'un pas feutré de vieille dame triste, lentement, les bras tendus vers moi, les yeux scintillants. Je l'ai serrée dans mes bras comme un fils courageux embrasserait sa mère. Ses cheveux doux effleurèrent ma joue, puis elle me dit: «Oh, révérend Schuller, je suis si heureuse que vous soyez revenu à temps pour le service funéraire de Melvin.»

Pendant ce court instant de ma vie, j'ai ressenti l'amour de moi-même. C'était un moment d'exaltation où je réalisais que j'avais de la valeur.

L'AMOUR DE SOI, C'EST DONNER DE L'AMOUR À QUELQU'UN QUI A BESOIN DE VOUS

Je pense à un couple qui a trois filles en pleine santé et un jeune fils mongolien. «Nous aimons tous nos enfants d'un même amour. Mais c'est notre fils qui nous procure le plus de plaisir», m'a dit le père. «Peut-être parce que nous savons que les autres peuvent se débrouiller seuls. Mais nous savons qu'il a besoin de nous. Et nous voulons tous que quelqu'un ait besoin de nous. J'ai réalisé de grands projets au cours de ma carrière d'ingénieur; mais quand je rentre à la maison, je soulève mon petit garçon aux yeux bridés et je sens ses bras s'enrouler autour de mon cou. Je le serre très fort et à ce moment suprême, je sais que je suis très important pour lui. Durant cette seconde divine, j'éprouve un sentiment énorme et débordant de valeur personnelle.»

L'AMOUR DE SOI, C'EST RESTER FIDÈLE À SES IDÉAUX LES PLUS ÉLEVÉS

Un jeune homme m'a raconté l'histoire suivante. «Un soir que je m'ennuyais, je suis allé à un bar du quartier. J'y ai rencontré une fille et nous avons commencé à boire. Elle se sentait seule. Je m'ennuyais. Je n'étais pas marié. Elle était divorcée. Elle m'a suggéré d'aller à Las Vegas. En voyant l'invitation de ses yeux langoureux et affamés, j'ai immédiatement posé mon verre, j'ai payé le garçon, pris son bras et me suis dirigé vers sa voiture. Elle s'est serrée chaudement et passionnément contre moi. Nous roulions dans la nuit en imaginant le lit chaud d'un motel de Las Vegas. Mais tout à coup, sans pouvoir expliquer pourquoi, je me suis senti envahi par l'idée que ce que je faisais était honteusement bas. J'étais déchiré par le besoin sexuel ardent que suscitait en moi cette beauté pour laquelle je ne ressentais aucun respect. En même temps, j'ai aperçu le reflet de mes yeux dans le rétroviseur. C'était les yeux d'une personne merveilleuse et pleine de potentiel. Je recommençais à sentir le dégoût qui m'avait envahi plus d'une fois à la suite d'aventures sexuelles dépersonnalisantes. Je me suis rangé sur la chaussée et j'ai immobilisé la voiture. *«Que fais-tu»* m'a-t-elle demandé.

«Je lui ai répondu brusquement: Je m'en vais. C'est ta voiture. Va à Las Vegas si tu y tiens. Je me moque de ce que tu fais. Je ferai de l'auto-stop pour rentrer. J'ai claqué la portière et l'ai regardée démarrer avec colère sur le gravier et s'en aller furieusement. Je suis resté là dans la nuit, seul sur cette route déserte. Tout à coup, je me suis senti fou de joie et de fierté! Je ne m'étais jamais senti aussi bien de ma vie! Je me sentais comme un général victorieux qui rentrait en triomphe du champ de bataille. Ce fut mon instant d'amour de moi.»

L'AMOUR DE SOI, C'EST RESSENTIR UNE AURÉOLE D'ÉMOTION EN SE SACHANT HONNÊTE

J'ai demandé à un Américain d'origine mexicaine: «Avez-vous déjà ressenti de l'amour pour vous-même?» Et il m'a raconté son histoire.

«Un jour, lorsque j'étais jeune, j'ai volé un petit bijou de pacotille. Je l'ai apporté à la maison. Mon père l'a aperçu et m'a demandé: *Combien l'as-tu payé?* Il ne m'a rien coûté, lui ai-je répondu. Il m'a seulement regardé. J'ai senti son esprit honnête et paternel m'envahir et je me suis détesté pour avoir volé. Que devrais-je faire?, lui ai-je demandé. Il m'a conseillé de le rapporter au magasin. Je suis retourné au magasin, me suis approché en tremblant du comptoir et ai avoué au bijoutier ce que j'avais fait. Avant qu'il ait le temps de me répondre, j'ai sorti la bague de ma poche ainsi que l'argent pour la payer. Je n'oublierai jamais le sentiment merveilleux que j'ai eu en sentant la bague dans ma poche et quand j'ai posé la bague sur le comptoir de verre et l'argent à côté.»

L'AMOUR DE SOI, C'EST DÉCOUVRIR LA GRANDEUR QUI SOMMEILLE AU FOND DE SOI-MÊME

Au cours d'un voyage de retour de la Californie vers l'Iowa, nous regardions les vastes champs de l'Iowa défiler devant nos yeux. Les récoltes abondantes de blé et de maïs que produit cette terre fertile formaient un spectacle majestueux. Chaque lopin de terre est soigneusement exploité; aucun gaspillage. Après avoir traversé les plaines fertiles, nous sommes arrivés dans les collines mornes et désertiques des Montagnes Rocheuses. Ces pics chauves accueillent le voyageur comme des sentinelles de granite gardant les portes du Pacifique. Nous avons commencé à grimper la route sinueuse à travers les collines. Enfin, nous sommes arrivés à un endroit d'où nous pouvions voir, du côté ouest, les montagnes splendides mais stériles, et du côté est, les plaines riches et vastes parsemées de petits lacs et rivières scintillantes. Quel contraste! Je me suis arrêté pour prendre de l'essence et j'ai commis l'erreur de déclarer au garagiste, en montrant les montagnes: «Que de terrain sans valeur!» Le beau jeune homme s'est retourné d'un coup et, me foudroyant du regard, il m'a corrigé d'un ton ferme: «Ce n'est *pas* du terrain sans valeur. Il y a des minéraux, dans ces rochers et peut-être aussi du pétrole. On pense qu'il y a aussi de l'uranium. Mais on ne l'a pas encore découvert.»

Hommes et femmes renferment aussi des possibilités infinies alors qu'à première vue, on pourrait croire qu'ils n'ont rien en eux. «Vous êtes le sel de la terre... Vous êtes la lumière du monde», disait Jésus à la foule bigarrée qui s'était rassemblée sur la montagne pour l'écouter prêcher. «Vous êtes des personnes de valeur!»

Un pêcheur aux larges épaules, la face rude, les yeux ardents, ignare, se trouvait là, buvant tout ce que Jésus disait. Pierre était de ces hommes qui se sous-estiment. «Je ne suis pas grand-chose. Je ne suis qu'un vieux pêcheur. Je n'ai pas fréquenté le temple de la connaissance comme certains de ces gens. Je suis terriblement coléreux et je suis laid.» Mais Pierre écoutait — Pierre croyait — et Pierre a réussi! Jésus-Christ nous enseigne que quelles qu'aient été nos expériences passées, quelle que soit notre position actuelle, notre avenir nous réserve des possibilités extraordinaires pourvu que nous apprenions à croire au potentiel qui se cache en nous. VOUS NE POUVEZ IMAGINER QUELLE PERSONNE EXTRAOR-DINAIRE VOUS POURRIEZ ÊTRE SI VOUS VOULIEZ SEULEMENT CROIRE EN VOUS.

L'AMOUR DE SOI, C'EST ÊTRE FIER DE SOI ET DE CE QUE L'ON REPRÉSENTE

Le champion de boxe Archie Moore a fait renaître des dou-zaines de jeunes vies grâce à son programme qu'il appelait ABC-Any Boy Can (Tout Adolescent Peut). «En montrant aux jeunes, qu'ils soient noirs, blancs, jaunes ou rouges, ce qu'est la dignité, le respect de soi-même et l'honneur, j'ai réussi, dans certaines régions à faire disparaître, ou tout au moins à réduire la délinquance juvénile. Le programme ABC est actuellement en action à San Diego et à Vallejo en Californie et plusieurs autres villes veulent implanter un programme de ce genre pour les jeunes.»

Soyez fiers de vos ancêtres. Soyez fiers de votre pays! c'est la base du programme ABC d'Archie Moore. Au lieu d'en-courager les ressentiments, cet état d'esprit inspire la bonne volonté. Au lieu de susciter une attitude défensive, il inspire l'enthousiasme. Archie Moore a lui-même merveilleusement profité de cet esprit et de cette qualité. «Je me battrai contre celui qui me qualifiera d'*Oncle Tom*, a déclaré Archie. J'ai cassé la croûte avec des chefs d'État, bavardé avec des présidents et fait le tour du monde. Je suis né

43

dans un ghetto, mais j'ai refusé d'y rester. *Je suis un nègre et j'en suis fier. Je suis aussi Américain et je suis fier de l'être.*

«Les jeunes d'aujourd'hui croient qu'ils ont la vie dure. Ils auraient dû vivre les années 40 quand je suis arrivé à Saint Louis. Nous n'avions aucun débouchés. Mais un bon nombre d'entre nous ont réussi. Je suis devenu champion du monde des poids mi-lourds. Un des petits gars du quartier, Clark Terry, est devenu l'un des musiciens de jazz les plus réputés au monde. On a vu des médecins, des avocats et des chefs issus du ghetto. L'un des meilleurs policiers de Saint Louis venait de notre quartier. Nous avons réussi parce que nous avions un but et que nous étions prêts à travailler pour l'atteindre.»

Dans une récente conférence, monsieur Moore disait: «Si tout adolescent peut, tout homme peut certainement. Je veux amener des équipes de personnes qualifiées, des spécialistes de chaque domaine, dans les quartiers les plus perturbés de nos villes. Je sais que ceux qui prennent part à des émeutes ne sont pas des enragés, mais des gens mal conseillés. Si certains esprits bornés peuvent mal conseiller, alors je peux guider. J'ai consacré une trop grande partie de ma vie à construire mon oeuvre pour tout détruire seulement pour satisfaire une haine lointaine contre un homme qui a battu mon grand-père. Ces hommes sont morts depuis longtemps. Devons-nous vraiment étouffer ce qui pourrait être un jardin magnifique avec les mauvaises herbes de la haine? Moi, je dis NON! Et je suis maintenant prêt à commencer mon *Opération Jardinier* pour arracher les *mauvaises herbes de la haine* et planter les *graines du respect de soi-même.*»

L'amour de soi signifie donc s'élever au-dessus de l'embarras que créent vos origines. C'est vivre au-delà de l'humiliation que quelqu'un s'efforce de vous imposer. L'amour de soi, c'est être conscient que vous pouvez être une personne merveilleuse, quoi qu'en puissent dire ou penser certaines pesonnes.

L'AMOUR DE SOI, C'EST PERCEVOIR DIEU
À L'OEUVRE EN VOUS ET PAR VOUS

Le docteur Louis Evans nous a raconté l'histoire de l'une des visites médicales qu'il rendait à un centre missionnaire en Corée. Un médecin missionnaire de ses amis l'a invité à assister à une intervention chirurgicale importante qui devait avoir lieu sous une tente rudimentaire dans un endroit désolé. La chaleur était écrasante, les odeurs vous étouffaient. Pendant des heures pénibles, le chirurgien calme, posé et déterminé a traité une paysanne très âgée. Au bout de sept heures, le médecin s'est levé, a enlevé son masque et a dit en soupirant: «Voilà, c'est fait, Lou.» Ils sont rentrés ensemble au bureau modeste de la mission, où le docteur Evans a demandé: «Je suis curieux de savoir... combien vous faites-vous payer, ici en Corée, pour une intervention chirurgicale de ce genre?»

Le chirurgien lui a répondu: «Tout d'abord, je reçois ça» et il lui a montré une pièce de monnaie de cuivre toute ébréchée. «Cette pauvre dame âgée nous est arrivée il y a quelques temps avec cette pièce de monnaie usée en nous demandant: «Docteur, pensez-vous que ceci suffira pour payer l'intervention chirurgicale? Je lui ai répondu: Eh bien, c'est une chance, vous en avez juste assez. Alors, avant tout, j'ai reçu cette vieille pièce de monnaie.» En s'asseyant, les yeux humides d'une chaude émotion, le médecin dévoué a ajouté: «Mais, plus que tout, Lou, je reçois le sentiment merveilleux que pendant sept heures, le Christ a vécu dans ces dix doigts! J'ai la sensation inestimable que ces mains deviennent les mains de Jésus-Christ guérissant un de ses enfants.»

Voilà une autre manifestation de l'amour de soi. En sentant le Christ vivre en vous et aimer les autres par votre vie, vous aurez foi en vous-même et vous pourrez jouir d'un amour-propre réel.

L'amour de soi n'est donc pas un haut-de-forme, c'est une auréole! Il est donc évident que l'amour de soi véritable suscite une satisfaction qui produit de la foi en soi-même, qui à son tour vous fait réaliser que vous êtes vraiment capable d'accomplir ce que vous avez décidé d'entreprendre.

III

Aimez-vous — Ou vous deviendrez votre pire ennemi

«Mais qu'est-ce qui lui prend?»

«Je vous l'assure, il est parfois vraiment bizarre. Je n'arrive pas à le comprendre.»

«Je ne comprends pas pourquoi je suis toujours fatigué, je ne travaille pas si fort que ça.»

Que de fois, chaque jour, on entend des commentaires de ce genre dans toutes les communautés regroupant des êtres humains qui vivent et travaillent.

En réalisant que le manque d'amour de soi est à la base de presque tous les problèmes dont souffre la personnalité humaine, on réussit à mieux comprendre nos propres problèmes ainsi que ceux des personnes qui nous entourent.

Suivez-moi; je vous présenterai dans ce chapitre votre méchant voisin. Vous pourriez même vous heurter à vous-même!

MONSIEUR JE-M'EMPARE-DE-TOUT-CE-QUE-JE-PEUX-ATTRAPER

Dans son livre intitulé *The Art of Loving* (L'art d'aimer), Erich Fromm déclare: *L'individu capable d'aimer de façon productive s'aime lui-même; celui qui aime **seulement** les autres n'aime personne.*

Si vous ne vous aimez pas vous-même, vous serez incapable d'aimer les gens qui vous entourent.

Comme Fromm le faisait remarquer, celui qui ne sait pas vraiment s'aimer devient très égoïste. **L'égoïsme et l'amour de soi sont loin d'être identiques: en réalité, ils sont opposés.** *L'égoïste n'a pas trop d'amour pour lui-même, il n'en a pas assez; en fait, il se déteste. Ce manque d'estime pour lui-même, qui témoigne de son manque de productivité, suscite en son for intérieur un grand vide et beaucoup de frustration. Il se sent naturellement malheureux et s'efforce d'arracher à la vie les satisfactions qu'il s'empêche lui-même d'atteindre. Il semble se soucier excessivement de sa personne, alors qu'en réalité il s'efforce en vain de masquer et de compenser le manque d'estime qu'il a pour lui-même.*

Un amour-propre affamé produit donc un entêtement des plus agressifs: «Je veux ce que je veux et quand je le veux!» Et l'entêtement est la définition la plus exacte de ce que la Bible a qualifié de *péché*. Il est vraiment, et peut-être même plus que l'amour de l'argent, à l'origine de tous les maux.

MONSIEUR SAIT-TOUT

Ce qu'on appelle souvent égoïsme désagréable n'est autre que le reflet d'un manque d'assurance intérieure. C'est d'ailleurs ce qui anime les personnes empressées qui sont toujours sûres d'avoir raison. L'homme à oeillères, parfaitement incapable de s'apercevoir que l'on pourrait considérer la situation sous deux angles différents, ne s'aime pas lui-même, lui non plus. Celui qui s'emporte si l'on rejette son point de vue souffre également d'un manque d'amour de soi.

PERSONNE NE M'AIME

Le manque d'amour de soi suscite souvent une agressivité excessive, mais *il peut aussi inciter une personne à se replier sur elle-même.* On retrouve cette attitude chez ceux qui souffrent d'un complexe d'infériorité provenant d'un manque de confiance en soi. Ils renoncent à relever les défis, fuient les problèmes, manquent les bonnes occasions, évitent les centres d'activité. Ils se retirent dans un endroit solitaire où ils peuvent entretenir et renforcer leur complexe d'infériorité dans l'isolement. Ils peuvent alors se considérer comme de pauvres abandonnés, des rejetés. Ils sont convaincus que personne ne les aiment.

Ce phénomène explique bon nombre de problèmes d'alcoolisme et de drogue. Le programme des Alcooliques Anonymes est efficace par le fait que l'on y exige des alcooliques qu'ils cessent de se replier sur eux-mêmes, de se retirer, de fuir la réalité. Ils doivent se préparer à affronter leur côté le plus abject en admettant qu'ils ont absolument besoin d'aide. Alors seulement, leur amour de soi pourra s'épanouir.

L'HYPERSENSIBLE

Aimez-vous vous-même, sinon, vous deviendrez hypersensible, susceptible et défensif. Je me souviens d'une femme qui m'a consulté il y a quelques années. Elle voulait quitter l'église, parce qu'elle était convaincue que les gens disaient d'elle des choses terribles à ses dépens. J'ai fait quelques recherches pour connaître la vérité. Je n'ai absolument rien trouvé d'important. Il devenait évident qu'elle imaginait toutes ces choses et qu'elle n'était pas loin de la paranoïa. La meilleure preuve qu'elle pouvait me fournir était celle-ci: «La semaine dernière, quand je suis entrée dans l'église, j'ai vu trois dames qui conversaient. L'une d'elles s'est retournée, m'a regardée et s'est immédiatement adressée à ses deux compagnes qui ont commencé à rire. Je sais qu'elles se moquaient de moi.»

En guise de traitement, je lui ai ordonné de dire à haute voix: «Je suis une personne merveilleuse.» Elle en tombait des nues.

«Si vous êtes incapable de déclarer: *Je suis une personne merveilleuse*, lui ai-je dit, vous devez soupçonner que quelque chose ne va pas au fond de vous-même. Dites-moi ce qui ne va pas, je vous en prie.»

Elle a alors commencé à me déverser l'analyse de tout ce qu'elle désapprouvait en elle-même. «Je ne suis ni bien faite, ni jolie. Ma personnalité n'est pas des plus agréables. Et je ne suis pas une très bonne mère. Je ne suis pas non plus la plus charmante épouse. Je n'ai jamais fréquenté l'université. Je suis une maîtresse de maison désorganisée. Mes armoires sont un véritable fouillis. Ma maison est toujours en désordre. Et je n'arrive pas à contrôler mes enfants.»

Je l'ai alors aidée à réaliser que tous ses problèmes venaient de ce qu'elle ne s'admirait pas assez. Par la thérapie spirituelle, elle a appris petit à petit à s'accepter et à avoir confiance en elle-même.

Il est évident qu'une personne qui se tient toujours sur la défensive devient son pire ennemi. S'imaginant que les autres la menacent ou ne l'apprécient pas, elle risque de leur dire des choses désagréables qui tourneront vraiment les gens contre elle.

En observant bien la nature humaine, on s'aperçoit que l'attitude défensive de personnes qui n'ont pas confiance en elles-mêmes est la cause de la plupart des conflits humains.

LE JALOUX

Aimez-vous vous-même ou vous deviendrez jaloux. Shakespeare qualifiait la jalousie de *monstre aux yeux verts.* La jalousie, elle aussi, est une manifestation d'insécurité qui rend la personne défensive. La jalousie est un procédé mental par lequel vous vous servez des grands accomplissements d'une autre personne pour juger vos accomplissements moins éclatants. La jalousie est une forme de haine contre vous-même pour ne pas avoir su réussir aussi bien que la personne victime de votre jalousie. Elle vous incite à détruire votre prochain pour vous construire vous-même.

Celui qui est sainement conscient de sa propre valeur est immunisé contre la jalousie.

MADAME MÈRE POULE

Aimez-vous vous-même ou vous deviendrez exagérément possessif. L'exemple classique de cette forme de destruction personnelle est celui de la mère possessive à l'excès. Je me souviens d'une femme particulièrement craintive. Elle projetait ses craintes sur son garçon. Elle s'imaginait qu'il pouvait se blesser d'une multitude de façons différentes. Ceci provenait non seulement de ce qu'elle était possessive à l'excès, mais de son attitude extrêmement protectrice. Elle craignait que son fils ne se noie: il n'a donc jamais appris à nager. Il n'a jamais fait partie des scouts; elle craignait qu'il se perde au cours d'une excursion en montagne. Il n'a jamais pu faire de gymnastique; il pouvait se blesser, voire même se tuer. Aujourd'hui, c'est un grand bébé de quatre-vingt-dix kilos, large d'épaules et bien en chair!

PARENTS, AIMEZ-VOUS VOUS-MÊMES, OU VOUS GÂTEREZ VOS ENFANTS

Il arrive très souvent que le parent qui gâte ses enfants soit lui-même resté émotionnellement enfant. N'ayant pas confiance en lui-même, il n'utilise pas la discipline nécessaire à son enfant de peur de perdre son affection. Dans d'autres cas, le parent qui gâte ses enfants ne s'aime pas comme il le devrait; il compense alors ce manque d'affection pour lui-même en déversant sur ses enfants un amour excessif et faussé. On assiste alors à une tragédie en trois actes:

(1) Il ne s'aime pas lui-même comme il le devrait.
(2) Il n'aime pas son enfant comme il le devrait.
(3) Il prive son enfant de l'occasion de développer l'amour de soi.

L'amour de soi ne pourra jamais se développer de façon adéquate dans une vie indisciplinée. L'enfant se découvre par ses désirs insatisfaits. Une femme d'âge mûr, fille unique d'une famille très riche, me l'a d'ailleurs prouvé. Ses parents, qui voyageaient beaucoup, voyaient toujours des *objets* qui, pensaient-ils, pourraient plaire à leur fille. Ils l'ont couverte de cadeaux de ce genre. Un jour, elle m'a dit: «Vous savez, je n'ai jamais *désiré* quoi que ce soit de ma vie entière. Je pense que j'ai passé à côté de quelque chose d'extrêmement précieux en ne connaissant jamais l'émotion que procure le désir. Mes parents et ensuite mon mari, ont toujours vu et obtenu tout ce que j'aurais pu désirer avant que je ne le découvre moi-même.»

MENEUSE, MENÉ ET ADULTE CRAINTIF

L'enfant possédé, soigné et protégé à l'excès, ne pourra jamais développer son amour de soi. Il deviendra un adulte très possessif. J'ai connu une femme, fille unique de parents excessivement protecteurs. Elle est finalement devenue madame Meneuse-par-le-bout-du-nez, se montrant extrêmement possessive envers son mari. C'était une épouse querelleuse qui a étouffé, émotionnellement, toute la virilité de son mari. Comme il n'était pas assez courageux ni confiant en lui-même pour affronter le problème, il l'a simplement laissé étouffer toutes ses caractéristiques masculines. Il est devenu aussi monsieur Mené-par-le-bout-du-nez. Ils n'avaient qu'un enfant, un fils. Ce pauvre garçon n'a jamais joui d'assez de liberté pour devenir un jeune homme aventureux. Encore aujourd'hui, il n'ose pas prendre de décision sans d'abord consulter sa mère. Il est devenu monsieur Adulte Craintif. Cette tragédie en trois actes s'est terminée comme vous le pensiez. Madame Meneuse passe ses derniers jours dans une solitude terrible. «Je n'ai reçu que deux cartes de souhaits à Noël, cette année. Personne ne me rend visite.» (Personne n'ose! Ils ont probablement une peur bleue qu'elle se saisisse d'eux et qu'elle ne les laisse plus partir!)

MONSIEUR RENFERMÉ

Aimez-vous vous-même ou vous ne donnerez jamais de vous-même. Lorsque vous recevez de bonnes nouvelles, vous ne pouvez les garder pour vous seul. Vous êtes impatient de les partager avec quelqu'un d'autre. Quand vous découvrez la nouvelle formidable que vous êtes une personne merveilleuse, vous ne pouvez pas vous empêcher de la partager avec d'autres. Vous partagez la bonne nouvelle que vous êtes une personne merveilleuse avec les autres en vivant une vie d'engagement et d'aventure, en vous donnant.

Un homme que je ne connaissais pas est mort à l'âge de cinquante-huit ans et sa nièce m'a téléphoné pour me demander d'officier le service funèbre. Elle prendrait tous les arrangements nécessaires. J'ai essayé de la rencontrer avant les funérailles, mais elle m'a dit qu'elle était trop occupée.

Quand je suis arrivé au salon funéraire, il n'y avait personne. Avec l'employé des pompes funèbres, j'ai attendu jusqu'à dix minutes après l'heure fixée pour les services funèbres. Personne n'est venu. Ce fut l'une des expériences les plus étranges que j'aie jamais vécues. Le préposé aux pompes funèbres m'a dit que cet homme avait deux fils et que tous deux vivaient dans les environs. Et puis il y avait la nièce qui a fait tous les arrangements. Cet homme avait vécu dans le quartier pendant quatre ans.

«Où sont ses fils? Et où est la nièce?» ai-je demandé au préposé.

«La nièce m'a dit qu'elle ne viendrait pas aux funérailles, m'a-t-il répondu. Et elle m'a confié que les fils de cet homme ne viendraient pas. Elle a déclaré que son oncle n'avait jamais de temps à leur consacrer. Il n'avait jamais de temps à consacrer à la communauté. Il ne voulait jamais être dérangé par ses voisins. Il ne voulait jamais se mêler de religion ni de politique. C'était un homme extrêmement égoïste. Il était aussi extrêmement brillant et réussissait toujours à gagner de l'argent. Mais, Dieu qu'il était renfermé!»

Voilà l'exemple d'un homme qui ne s'est jamais aimé avec assez de conviction, d'espoir et de confiance, pour se donner aux autres.

Aimez-vous vous-même ou vous ferez fuir les gens.

Il est évident qui si vous êtes égoïste, replié sur vous-même, toujours sur la défensive, excessivement possessif ou jaloux, vous serez incapable d'aimer les autres. Vous êtes la preuve vivante que l'on ne peut pas aimer les autres si l'on ne s'aime pas soi-même. Si vous n'avez pas de bonnes relations avec vous-même, vous ne réussirez pas à avoir de bonnes relations avec votre prochain. Avez-vous des problèmes avec les gens?

Commencez à les résoudre en établissant une évaluation critique et honnête de vous-même.

MONSIEUR SOLITAIRE

Aimez-vous vous-même ou vous serez seul. On ne s'étonne donc pas que les gens qui ne s'aiment pas eux-mêmes souffrent de solitude. De nos jours, une grande partie de la solitude qui règne dans le coeur des gens provient d'un manque d'amour de soi et le suscite. Ceci me rappelle un homme que j'appellerai monsieur Solitaire. *Il était solitaire dans la lutte,* car il craignait que les gens le rejettent s'il leur montrait sa faiblesse. Il était *solitaire* dans l'échec, car il craignait que ceux qui l'admiraient dans la réussite ne l'abandonnent. Il était *solitaire dans la réussite,* car il craignait que ses amis et ses associés ne deviennent jaloux de ses victoires. Il était *solitaire dans la souffrance,* car il craignait de devenir un fardeau pour ceux qu'il aimait. (À la pensée de représenter un problème pour quelqu'un, nous nous détestons nous-mêmes). Il était *solitaire dans ses rêves,* car il craignait de se ridiculiser en rêvant et en parlant de réalisations grandioses. (Nous avons tendance à ne pas nous aimer lorsque les autres ses moquent de nous). Il était *solitaire dans son péché et dans sa culpabilité,* car il craignait que ceux dont il nécessitait l'amour ne le jugent.

Quand il est enfin venu me demander conseil, je lui ai suggéré de se joindre à l'un des nombreux groupes de communication de Garden Grove Community Church. On encourage chaque participant à *s'ouvrir complètement et à se débarrasser de ses problèmes en les présentant aux autres.* Très timidement d'abord, il a commencé à partager ses craintes. Il a partagé des craintes et des joies qu'il n'avait jamais partagées de sa vie. Aujourd'hui, c'est un homme différent. Il a appris à oser être lui-même et à s'aimer.

JE-NE-FERAI-JAMAIS-RIEN-DE-BON

Aimez-vous vous-même ou passez votre vie à accomplir beaucoup moins que ce que vous seriez capable d'accomplir. Dites-vous que votre race, votre nationalité ou votre couleur vous défavorise, et vous n'essaierez jamais de réussir. Dites-vous que les gens ont un préjudice contre vous et vous n'essaierez rien du tout, ou vous abandonnerez après quelques timides efforts. Dieu seul sait combien de gens sont emprisonnés par des emplois qui ne font pas honneur à leurs talents. Ils pourraient accomplir beaucoup plus s'ils ne s'étaient pas rendu esclaves de leur complexe d'impossibilité.

«Je n'ai pas assez de talent. Je n'ai pas assez d'instruction. Je n'ai pas assez d'argent.» Et l'image pitoyable d'une personnalité sous-estimée continue de dominer le potentiel de grandeur qui n'attend que d'être libéré par une éclosion d'amour de soi.

Certains chefs de mouvements pour les droits de l'homme, bien que très sincères et bien intentionnés, ont fait germer la critique de soi dans les esprits des Noirs américains. Ils se sont rendu très populaires en dénonçant le manque d'amour de soi des Noirs et en déclarant avec passion: «Les gens ont des préjugés contre vous à cause de la couleur de votre peau. Vous êtes victimes du préjudice racial. On vous exploite. On vous traite comme des citoyens de seconde classe.» De tels propos renforcent à coup sûr la mauvaise image que les Noirs se font d'eux-mêmes. Ils ne développeront certainement pas l'amour de soi qui génère la confiance en soi, qui motive l'accomplissement personnel qui, à son tour, édifie la valeur personnelle si précieuse. L'accomplissement dépend positivement de notre sentiment de valeur personnelle. Si vous croyez que vous manquez d'intelligence, vous n'essaierez certainement pas de fréquenter l'université. Si vous croyez que vous êtes vaincu, vous l'êtes. Si vous pensez que vous n'osez pas, vous n'oserez pas. Si vous croyez que vous pouvez peut-être gagner, mais que vous êtes presque convaincu que vous perdrez, il est presque certain que vous perdrez. Aimez-vous vous même, ou alors vous traverserez toute votre vie et arriverez dans la tombe rempli de talents que vous n'aurez jamais découverts, de capacités que vous n'aurez jamais reconnues.

Il est surprenant de constater le nombre de gens qui vivent toute leur vie écrasés sous le poids des sentiments d'infériorité, vaincus par un manque de confiance en eux-mêmes et commettant la tragique erreur de se sous-estimer.

Moins vous vous estimez, plus vos chances de réussite sont minces dans la vie.

Le manque de confiance en soi transforme des gagnants en ratés.

On voit quelquefois des hommes excessivement modestes réduire leur potentiel de succès en se montrant faussement humbles. Abaissez votre respect de vous-même et au lieu d'être excellent, vous serez moyen: au lieu d'être extraordinaire, vous serez médiocre; au lieu de vous trouver au premier rang, vous serez parmi les derniers.

Imaginez que vous êtes moindre de ce que vous êtes en réalité et vous diminuerez votre estime personnelle, vous annihilerez vos capacités, vous renoncerez à vos rêves.

Alors l'enthousiasme, qui est si précieux, disparaîtra petit à petit de votre âme. Toute votre vie, vous vous sous-estimerez, vous ne ferez jamais d'effort, vous n'arriverez jamais à rien et un jour, toutes vos chances se seront évanouies. Vous pourriez chanter la lugubre complainte d'un poète oriental:

Le printemps est loin,
L'été est passé,
L'hiver est arrivé,
Et le poème que je voulais chanter
N'est toujours pas chanté
J'ai passé ma vie
À monter et à démonter les cordes de mon instrument

QUE-LE-GOUVERNEMENT-S'OCCUPE-DE-MOI

Aimez-vous vous-même ou perdez votre liberté. Si vous ne vous aimez pas vous-même, la peur vous dominera. Tous les individus et toutes les nations qui se laissent dominer par la peur perdent leur liberté.

Si vous craignez la pauvreté, vous pouvez abandonner votre liberté économique contre la sécurité que vous offre ce *Grand Frère,* le gouvernement. Celui qui ne s'aime pas lui-même n'a pas assez de confiance en soi pour oser être libre.

L'Amérique est libre parce qu'elle a été fondée par des hommes qui croyaient en leur harmonie avec Dieu et qui étaient convaincus qu'ils pouvaient tenter l'impossible. La ferme assurance du «Je peux» pousse le jeune homme à quitter la sécurité de la maison de son père pour s'aventurer dans le monde et y chercher fortune.

Le serf quitte la sécurité du fief pour survivre par lui-même parce qu'il croit en son potentiel de grandeur. Pour que la liberté puisse survivre, les gens doivent croire en leur capacité de réussir.

On disait que les Juifs de l'antiquité étaient «de très mauvais esclaves parce qu'ils étaient très fiers.» Les gens fiers ne laissent pas l'esclavage détruire leur dignité. Lorsqu'un homme se fait une mauvaise image de lui-même, il s'abandonne à l'esclavage. Prenez un homme emprisonné par son incapacité d'accomplir quoi que ce soit, persuadez-le qu'il est roi et non serf, et vous le verrez exiger la liberté et l'obtenir.

C'était le principe fondamental de Jésus-Christ. «Je suis venu libérer les opprimés, ouvrir les yeux des aveugles.» Comment s'y est-il pris? *Il* a ouvert les yeux des gens. *Il* leur a montré la grandeur de leur personne en leur disant: «Vous êtes le sel de la terre. Vous êtes la lumière du monde!» Imbus de cette image libératrice, ils ne voulaient plus rester enchaînés par la pensée négative. La fierté vous libérera des chaînes du mépris de vous-même et vous procurera la confiance en vous libératrice, qui vous permettra de découvrir et de développer vos capacités latentes. Alors vous vous sentirez vraiment en sécurité. Car la confiance en soi est la seule vraie sécurité.

RÉSUMÉ

AIMEZ-VOUS VOUS-MÊME OU VOUS PÉRIREZ PHYSIQUEMENT ET SPIRITUELLEMENT!

Pourquoi tant d'hommes meurent-ils peu de temps après avoir pris leur retraite? Peut-être parce qu'ils ont perdu le sentiment de leur importance. Ils n'ont pas su trouver de compensation pour nourrir leur sentiment d'affection pour eux-mêmes. Le manque d'amour de soi affecte notre organisme, c'est sûr. Si vous perdez votre amour-propre, vous vous sentirez déprimé, découragé, vous perdrez la grande force vitale qui produit l'énergie, l'enthousiasme.

Aimez-vous vous-même, ou vous mourrez spirituellement. Si vous ne vous aimez pas vous-même, vous ne pouvez pas aimer votre prochain. Si vous ne vous aimez pas vous-même, vous ne saurez pas aimer Dieu. Dieu vit à l'intérieur des gens. Si vous ne vous aimez pas vous-même et que vous n'aimez pas les gens et que vous n'aimez pas Dieu, vous êtes un mort qui déambule, qui fait l'amour, qui dort, qui travaille, qui respire, qui mange, qui excrète.

Mais surtout, rappelez-vous ceci: Vous êtes libre de vous évaluer vous-même. Mais vous pouvez être convaincu d'un fait: c'est que votre évaluation de vous-même déterminera l'importance de votre développement personnel. Vous pouvez être encore plus grand que ce que vous croyez être en ce moment.

Je vous invite à affronter le défi le plus important de votre vie. Osez vous analyser. Découvrez qui vous êtes réellement. Ayez le courage de vous aimer et vous renaîtrez à la vie.

IV

Aimez-vous vous-même
et revenez à la vie

Vous devez découvrir la puissance de l'image de soi, qui peut transformer une vie. Aussitôt que votre dignité super-dynamique aura germé en vous, votre vie changera, ainsi que celle des gens qui vous entourent. J'ai pu constater à maintes reprises que la précieuse image de soi poussait les gens à vaincre le préjudice, la fatigue, la dépression, améliorait leur niveau de réussite personnelle, brisait des habitudes destructives, les aidait à vaincre l'anxiété et le souci, les handicaps personnels, suscitait l'enthousiasme, brisait l'ennui, modifiait leur apparence physique, leur permettait de maîtriser la douleur et la solitude. Mais surtout, le sentiment renouvelé de valeur personnelle qui vous envahira vous redonnera la santé émotionnelle propre à développer une foi en Dieu vivifiante et transformatrice.

POUR VAINCRE LE PRÉJUDICE,
AIMEZ-VOUS VOUS-MÊME

Les Noirs américains remporteront leur victoire finale contre le préjudice racial au moment où ils sauront se considérer comme des personnes merveilleuses. Tous les Noirs américains animés d'un sens profond d'estime de soi, d'appréciation de soi, de valeur personnelle, dissolvent le racisme des Blancs comme le soleil fait fondre la glace.

J'étais assis seul dans l'entrée d'un hôtel de Torremolinos, en Espagne et j'attendais l'heure du dîner, quand j'ai vu entrer un beau jeune Noir. Avec un grand sourire qui exposait ses dents éclatantes de blancheur, des yeux rayonnant de confiance en soi, il s'est approché de moi d'un pas rapide et enthousiaste et m'a salué d'un air engageant. «Vous devez être Américain; moi aussi. Permettez-moi de me présenter.» Il se nomma. «Ça fait toujours plaisir de parler à un concitoyen quand on est en voyage à l'étranger.»

Nous nous sommes chaleureusement serré la main. Je me suis tout de suite pris d'affection pour cette personne en pleine santé émotionnelle. Il était vibrant, énergique, ouvert et heureux. On le voyait détendu, sûr de lui et jouissant d'un sentiment profond de sécurité intérieure. Il profitait pleinement de l'affection de soi qui vous élève dans la vie. Il n'était donc ni timide, ni renfermé, ni agressif, ni sur la défensive. Il possédait une personnalité réellement libre et forte. Il ne s'est montré conscient de la couleur de sa peau que pendant un bref instant. Sa personnalité a eu un tel impact sur moi, que j'en ai complètement oublié sa race. Une force spirituelle rayonne des personnalités vibrantes et radieuses, une force qui dissout les fausses impressions que suscite l'apparence physique. Notre rencontre fut si valable que nous avons voyagé ensemble pendant plusieurs jours.

Un jour, je lui ai demandé: «Comment avez-vous réussi à vaincre le préjudice racial aux États-Unis?» Et il s'est mis à me raconter l'une des plus belles histoires que j'aie jamais entendue.

«Je suis né à Harlem, dans la ville de New York. Mon père était boucher. Il me disait souvent: *Mon fils, tu es un Nègre. Ce qui signifie que ta peau est plus foncée que celle d'un bon nombre de gens. Maintenant, mon garçon, beaucoup de gens vont te dire que la couleur de ta peau te défavorise. Mais ta peau ne sera un obstacle dans ta vie que si tu en fais toi-même un obstacle. Souviens-toi d'une chose: l'Amérique est une nation qui vit de commerce. Les hommes d'affaires s'intéressent au profit. Ils embauchent les hommes les plus doués qu'ils peuvent trouver au prix le plus avantageux. Assure-toi d'exceller dans le domaine que tu choisiras et les hommes d'affaires, motivés par le profit, t'embaucheront de préférence à tous les autres si tu es le meilleur employé qu'ils puissent trouver pour remplir cet emploi. Et souviens-toi d'autre chose. Tout le monde aime les gens heureux. Si tu es heureux, tout le monde t'aimera. Si quelqu'un te traite mal, ce ne sera pas à cause de la couleur de ta peau. C'est simplement parce qu'il a lui-même un problème personnel; souviens-toi de cela!*

«Comme il avait gravé ces idées dans mon coeur dès ma plus tendre enfance, j'ai eu la motivation qui m'a poussé à fréquenter l'école, à étudier fort et à ne jamais écouter ceux qui me disaient que le préjudice racial m'empêcherait de progresser. Si je les avais crus, j'aurais été sur la défensive et ça n'aurait fait qu'aggraver le problème. Maintenant que j'y repense, je suis certain d'avoir rencontré quantité de gens qui avaient un préjugé contre moi à cause de la couleur de ma peau. Mais je ne me suis jamais permis d'y penser. Je me suis contenté de progresser et de jouir de la vie.

«Mes études me passionnaient, parce que je savais que je devais devenir quelqu'un. Lorsque j'ai terminé mon secondaire, j'ai décidé de m'inscrire à une école commerciale renommée de New York. Le conseiller de mon école m'a dit: *N'y pense pas, ils n'acceptent pas les Nègres, dans cette école.* J'ai quand même envoyé ma demande d'inscription à cette école. On m'a refusé. Je me suis dit qu'ils avaient commis une grosse erreur, parce qu'au cours de mon secondaire, j'avais obtenu d'excellents résultats. Je me suis engouffré dans le métro et me suis rendu directement à l'école. J'y ai rencontré la réceptionniste la plus merveilleuse au monde. Je lui ai appris que j'avais fait une demande d'inscription et qu'on m'avait refusé. Je lui ai demandé si je pouvais voir le responsable des admissions.

«J'ignore pourquoi, mais j'ai eu l'impression de lui être sympathique; elle m'a dit: *D'accord, attendez un instant.* Je me suis bientôt retrouvé dans le bureau du responsable des admissions. Je l'ai tout de suite trouvé sympathique. Je lui ai dit: J'ai fait une demande d'inscription dans cette école, mais j'ai été refusé. Il doit y avoir eu une erreur. Je sais que vous ne souhaitez pas me refuser. La réputation de votre école dépend de la qualité de vos élèves et je serai compétent et je réussirai. Je serai le genre de diplômé que vous serez fier de compter sur votre liste!

«Il m'a dit d'un air étonné: *Eh bien, peut-être y a-t-il vraiment eu une erreur. Faites-moi parvenir les résultats de votre cours secondaire avec une nouvelle demande d'inscription.* Je lui ai tout de suite obéi. Et ils m'ont accepté! J'étais le premier d'une longue liste de Noirs à être admis et à être diplômé de cette école. Maintenant, je suis économiste au Columbia Broadcasting System. C'est un emploi captivant! L'expérience m'a appris que pour vaincre le préjudice, il suffit de prétendre qu'il n'existe pas. Et vous en deviendrez plus heureux, plus ouvert et plus enthousiaste. Vous vous aimerez vous-même et les gens vous aimeront.»

AIMEZ-VOUS VOUS-MÊME ET VOS RÊVES SE RÉALISERONT

Le sentiment profond de valeur personnelle suscite la confiance en soi qui, à son tour, génère la motivation qui pousse l'individu vers la réussite. Parce qu'au fond, la confiance en soi est l'assurance que l'on peut vaincre les difficultés. La foi est la plus grande puissance au monde; foi en vous-même, en votre famille, en vos amis et en Dieu. La vie me le rappelle très souvent. Quand nous avons agrandi le sanctuaire de notre église, qui est longée d'un bassin, un problème de construction a dû être résolu. Il fallait agrandir le bassin. Nous avons donc fait construire un pont de ciment à travers le choeur pour que les gens puissent entrer dans le narthex du sanctuaire. Un après-midi, je suis sorti pour regarder le maçon qui finissait le pont à la truelle. Après l'avoir salué, je lui ai demandé: «Si l'on vous demandait quelle est la plus grande puissance au monde, que répondriez-vous?»

Je ne m'attendais pas à ce qu'il me donne une réponse aussi complète. Il s'est tout de suite animé. Il a posé sa truelle, s'est dirigé vers son sac à lunch, a débouché un Coca-Cola, s'est assis sur l'herbe et me regardant droit dans les yeux, il s'est exclamé: *La foi!*

«Vous avez vraiment l'air sérieux», lui ai-je dit. Il m'a alors raconté son histoire. La sueur coulait sur sa peau d'ébène. Ses cheveux ondulés étaient poivre et sel. Son histoire restera toujours pour moi une inspiration. Je vous la relate aussi précisément que possible.

«Je suis né dans une famille de douze enfants. Mon père travaillait dans les champs de coton, dans le Sud. Mon père et ma mère croyaient profondément en Jésus-Christ. Je me souviens que le premier chant que j'ai appris était *Jésus m'aime*. Ma mère nous répétait souvent: *Si Jésus vous aime, vous devez être des enfants précieux.* On nous disait que si Jésus nous aimait, nous pouvions être convaincus qu'il nous aiderait à réussir.

«Soutenu par la puissance de cette assurance, je me suis rendu à Détroit. J'ai appris la maçonnerie. Mon patron, celui qui m'a appris le métier, m'a dit: *Souviens-toi que ton travail est très important. Tu mettras la touche finale à certains des plus beaux édifices du monde.* Alors, j'ai décidé de devenir très compétent dans mon métier; et je le suis devenu. Je le suis encore. Comme j'aime mon travail et que je l'accomplis bien, je n'ai jamais manqué de travail. J'ai eu le courage de croire que je n'échouerais jamais. J'ai cinq enfants. Mon fils aîné est diplômé de Michigan University et de Wayne University Medical School. Aujourd'hui il est médecin à San Francisco! Mon second fils est diplômé en génie du Michigan University à Ann Arbor.

(Et en prononçant cette phrase enthousiaste, il brandissait sa bouteille de Coca-Cola dans les airs.) «Ma fille aînée voulait devenir dessinatrice de mode. Je l'ai envoyée dans l'une des meilleures écoles de dessin de mode de New York et aujourd'hui, elle crée des robes merveilleuses! Mon quatrième recevra son diplôme au Cerritos College en juin prochain!

«Maintenant je dois vous parler de ma cadette, ma petite fille! C'est une vraie beauté! Quand elle avait quatre ans, nous sommes allés rendre visite à des amis qui avaient un piano. En rentrant à la maison, ce soir-là, elle m'a dit: *Papa, je veux devenir pianiste.* Et je lui ai répondu: Chérie, c'est merveilleux! Je vais t'acheter un piano. Je me suis un peu renseigné et j'ai découvert qu'un piano me coûterait quarante dollars par mois pendant vingt-quatre mois! J'ai dit à ma femme: Achetons-le. Elle m'a dit: *Et si tu perds ton travail? Si tu te retrouves en chômage?* Et je lui ai répondu: Chérie, j'ai toujours trouvé du travail. Je suis sûr que je peux faire cet achat. Alors nous avons acheté l'instrument. Vous auriez dû voir les yeux de ma petite quand ils ont livré ce magnifique piano.

«Puis j'ai décidé que je devais lui trouver le meilleur professeur de piano possible. Le chef de chorale de l'église m'a dit que le meilleur professeur de piano de Los Angeles demandait des honoraires élevés. Je lui ai répondu: Ma fille mérite ce qu'il y a de mieux. Un après-midi, en rentrant du travail, je me suis arrêté chez ce professeur. Quand elle m'a ouvert la porte, je lui ai dit: Je voudrais que vous enseigniez le piano à ma fillette. Elle m'a répondu: *Je regrette, je n'ai pas de place pour le moment.* Ça ne fait rien, lui ai-je dit, inscrivez mon nom sur votre liste. Aussitôt que vous pourrez la prendre, je serai prêt. Elle a regardé mes vieux vêtements de travail et a dit: *Vous savez, mes honoraires sont élevés. Je crois que je suis le professeur de piano le plus onéreux de Los Angeles.* Madame, regardez-moi, lui ai-je répondu, vous voyez à ma tenue de travail et à mes mains calleuses que je suis ouvrier. Je travaille. Je gagne de l'argent. Et je peux payer le prix que vous demandez. Toute ma vie, j'ai consacré tout mon salaire à mes enfants. Je paierai, ne vous inquiétez pas. Je pense que je l'ai impressionnée, parce qu'elle a dit: *Vous m'êtes sympathique. Je crois que je pourrai prendre votre fille dans quelques semaines.*

«Un mois plus tard, elle m'a téléphoné pour me dire: *L'une de mes élèves retourne dans l'Est du pays. Si vous désirez toujours que je donne des leçons à votre fille, je peux la recevoir samedi à 14 heures.* J'y ai emmené ma petite ce samedi-là et j'ai payé dix dollars pour sa première leçon! Il y a huit ans de cela. Le mois dernier, ma fille a remporté le trophée de pianiste la plus talentueuse de sa catégorie à l'école publique de Los Angeles!»

Il était debout et dispersait son Coca-Cola en brandissant la bouteille, emporté par l'enthousiasme et a conclu ainsi son sermon convaincant: «Révérend, la plus grande puissance au monde, c'est la puissance de la foi!»

Si vous faites comme cet ouvrier, si vous croyez en vous-même en élevant vos rêves et en augmentant votre niveau de réussite, vous pourrez vous aussi réussir dans toutes vos entreprises.

AIMEZ-VOUS VOUS-MÊME ET
VOUS SURMONTEREZ VOTRE HANDICAP

Au cours de mon ministère, j'ai eu l'occasion de rencontrer beaucoup de gens qui avaient toutes les raisons du monde pour se déclarer vaincus par la vie. Malgré leur corps handicapé et infirme, ils réussissent, d'une façon ou d'une autre, à conserver la fierté qui leur permet de vaincre admirablement leur handicap. L'amour de soi rend l'âme puissante; et la puissance de l'âme génère le dynamisme qui permet de ronger les montagnes pour les transformer en petites collines.

Dorothy Perkovitch, âgée de quinze ans était terrassée par une fatigue profonde et mystérieuse. Elle s'est rendu compte que quelque chose en elle allait très mal. Elle ne savait pas de quoi il s'agissait, mais elle espérait que cela disparaîtrait bien vite, pour qu'elle puisse reprendre sa vie active de majorette et de *cheer leader* au Wisconsin's Park High School. Mais les semaines, puis les mois passèrent, sans que sa santé ne s'améliore.

«J'ai de mauvaises nouvelles pour vous, déclara le docteur à ses parents, immigrants yougoslaves. Dorothy a été frappée d'une fièvre rhumatismale et son coeur est maintenant dans un état désastreux. Je doute qu'elle acceptera de renoncer à toute activité physique. Je ne lui donne pas plus d'un an à vivre.» Six mois ont passé.

Qu'est-ce qui ennuyait le plus Dorothy? Était-ce d'avoir été obligée d'abandonner ses études? Ou la douleur qui envahissait ses bras et ses jambes? Elle ne le savait probablement pas elle-même. Elle est entrée courageusement à l'hôpital pour un examen.

«Polyarthrite chronique évolutive», ont diagnostiqué les médecins. Les injections d'or colloïdal, au lieu de faire diminuer son athrite, ont immobilisé ses bras et soudé à jamais sa hanche et ses genoux. Six semaines plus tard, l'ex-athlète vigoureuse sortait de l'hôpital sur une civière; son corps était entièrement rigide. Cette soudaine tragédie la rendait entièrement dépendante de sa mère, qui allait devoir lui mettre chaque cuillérée de nourriture dans la bouche.

Aujourd'hui Dorothy raconte: «Mais, plus que tout, je craignais le jour horrible où mon merveilleux médecin m'annoncerait probablement que je ne guérirais jamais. Cependant, une voix puissante me disait en moi-même: *Dorothy, tu n'es handicapée que physiquement. Ne permets jamais à ton handicap de devenir mental ou émotionnel!*»

Ce jour horrible arriva quand Dorothy eut dix-sept ans. «Eh, jeune fille, je veux te parler», lui dit le docteur. Il lui annonçait la mauvaise nouvelle. En voyant un léger sourire éclairer son visage, il s'est interrompu pour dire: «Dorothy, je suis vraiment sérieux. Tu dois m'écouter. Tu ne marcheras plus jamais. Tu ne pourras plus jamais plier tes bras ni tes hanches.»

Ses beaux yeux noirs étincelant, elle a répondu rapidement: «J'ai entendu, et je vous ai très bien compris. Mais, docteur, *j'ai la puissance de mon cerveau, j'ai la puissance de mon âme, je n'ai pas besoin de la puissance de mon corps!*»

Huit ans ont passé; son corps était toujours rigide. Elle priait toujours Dieu de lui redonner au moins la capacité d'écrire. Puis un matin, elle a senti un picotement dans sa main gauche. Instinctivement, elle a essayé de faire bouger sa main. Ses doigts difformes se sont lentement soulevés. Plus haut, encore plus haut. Puis tout son bras s'est mis à bouger, jusqu'à ce que son pouce difforme caresse sa joue.

«Maman, s'est-elle écriée, apporte-moi un bol de crème glacée. Je veux voir si je peux manger par moi-même.» Et elle a découvert que pour la première fois depuis huit ans, elle pouvait mettre de la nourriture dans sa propre bouche.

«Maman, apporte-moi un crayon et du papier. Je veux voir si je peux écrire de nouveau.» En attrapant le crayon dans sa main gauche difforme, elle a pensé: «Je suis droitière.» Et elle raconte: «J'ai oublié de dire à Dieu que j'étais droitière. Qu'est-ce que je vais faire, maintenant? Je n'ai jamais pensé de dire à Dieu quelle main réanimer. Et me voilà, révisant la situation et mon bras droit est toujours immobile. Puis, pour la première fois en toutes ces années perturbées, je me suis mise à pleurer sans pouvoir me contrôler. À travers mes larmes, j'ai aperçu le crucifix sur le mur, devant mon lit. Je *l'*ai regardé, et *il* m'a regardée. En regardant, j'ai écouté. Tout au fond de moi-même, je *l'*ai entendu me demander — non pas de pouvoir entrer dans mon coeur — mais me signifier: *Laisse-moi sortir! Laisse-moi m'exprimer par toi et par tout ce que tu fais.*

«Les doigts difformes de ma main gauche ont saisi le crayon, et, sans m'arrêter, j'ai couvert la feuille de mots. Non seulement mon écriture était plus belle qu'auparavant, mais ma main gauche transcrivait mes pensées plus rapidement.»

Motivée par ce qu'elle appelle *la puissance de l'âme*, la jeune fille de vingt-cinq ans a repris vie. Cinq ans plus tard, elle terminait son secondaire et se distinguait dans ses cours d'éducation permanente à la Wisconsin University car elle pratiquait la pensée du possible.

«Comment pourrais-je gagner ma vie et en même temps aider les autres?» se demandait-elle. Elle a perçu la réponse sous plusieurs formes.

Aujourd'hui elle vit dans le sud de la Californie. De son lit, elle gère un service d'appels téléphoniques, un service de comptabilité pour petites entreprises et donne des cours de dessin de mode et de vente. Elle gagne souvent plus de $1 000 par mois. Elle s'est acheté une maison et s'est engagé une aide domestique à temps plein.

Un jour, dans un petit restaurant, un beau grand jeune homme a aperçu la silhouette de Dorothy, assise bien droite dans sa chaise roulante. Il n'a pas pu se retenir d'aller se présenter à elle.

«J'avais trente et un ans et pour la première fois de ma vie, je suis tombée follement amoureuse, raconte Dorothy. Lorsqu'il s'est éloigné un peu à la fin de notre conversation amicale, je lui ai demandé: Aimeriez-vous avoir mon numéro de téléphone?

«Avant qu'il ait eu le temps de prononcer un mot, j'avais fini de l'écrire sur une serviette de table. Ce fut le début d'une merveilleuse amitié qui a duré quatre ans et notre amour a grandi pour créer un mariage merveilleux.» Leur union, qui date maintenant de cinq ans, est l'une des plus harmonieuses de toute la ville.

«De quoi suis-je le plus reconnaissante?» se demande Dorothy. Et elle répond: «*De l'absence d'humiliation.* J'ai vu des handicapés souffrir de la soif parce qu'ils avaient trop honte de demander à quelqu'un de leur donner à boire. J'expose délibérément mes membres difformes. Je n'en ai pas honte. Je crois que les gens vont quitter cet endroit en remerciant Dieu de leur avoir donné des mains pour ouvrir les portes et des pieds pour marcher. Certaines personnes me disent que l'on peut me guérir. Mais je leur dis que je suis guérie depuis des années! Ce qui m'importe le plus, maintenant, c'est que je peux faire quelque chose de merveilleux pour des gens qui ont moins de chance que moi pendant la seule vie que j'ai à vivre. Je crois que Dieu m'a confié une mission. Et je me dois de la remplir.»

Dorothy Ann Gossage a maintenant quarante ans. Elle a fondé le *Glass Mountain Inn,* une institution où les handicapés physiques peuvent vivre, apprendre et s'associer dans des entreprises commerciales. Cette oeuvre, qui vise à faire renaître le sentiment de dignité chez les gens, est la plus admirable au monde. Dorothy est spécialiste de la pensée positive; voici comment elle explique le nom qu'elle a donné à son idée de 2 millions de dollars: «On a dit que la vie pouvait se comparer à l'escalade d'une montagne; je sais que beaucoup de gens en sont incapables. Mais avec la puissance de l'âme, tout le monde peut escalader symboliquement sa montagne.»

Dès qu'il découvre qu'il est une personne merveilleuse, l'handicapé physique se libère de ses liens - pour autant qu'il reste sain d'esprit. Vous devez découvrir et admirer la puissance de votre esprit et en remercier Dieu; vous en retirerez une poussée de confiance en vous-même qui vous permettra d'accomplir l'impossible.

Richard D. Joy était aveugle, sourd et muet. Pour pouvoir communiquer, nous devons pouvoir entendre ou lire. Il était incapable d'entendre ce qu'on disait. Il était incapable de voir les écrits. Mais on lui a enseigné à écouter une conversation avec ses doigts. Avec une patience remarquable, on lui a montré à *entendre* en plaçant légèrement son pouce sur le menton du professeur et son index ainsi que les jointures de ses trois autres doigts en-dessus et en-dessous de la pomme d'Adam. Peu après, il a pu utiliser ses propres cordes vocales. Bien sûr, la première fois que vous l'entendez, il vous est un peu difficile de le comprendre. Mais on apprend bientôt à deviner ce qu'il essaie de dire. Puis il a appris le Braille. Il y est arrivé facilement. Quand il s'est joint aux scouts, il a appris toutes les règles de l'art de faire des noeuds dès la première leçon. Depuis, il s'est mérité l'honneur le plus élevé chez les scouts, est monté en grade et s'est mérité trente-six écussons! Puis, il est devenu gymnaste et a gagné des prix dans le domaine de la lutte, à

San Francisco. C'est un nageur exceptionnel; il se sent à l'aise sur une paire de skis et à plusieurs jeux d'adresse.

Ricky Joy avait déjà accompli beaucoup de choses, mais il s'est ensuite intéressé à la radio amateur et a décidé d'obtenir son permis d'opérateur. Il s'est aperçu qu'avec ses doigts si sensoriels, il pouvait couvrir tout un haut-parleur modifié et saisir le message. Il émet ses signaux de la même façon. À l'âge de vingt-trois ans, il a réussi son examen et a reçu le numéro de licence WN6YUB. Il maîtrisait entièrement le code, la théorie et la technique de réception et d'émission des messages! Comme le disait le *QSR Magazine* en parlant de lui: «Nous ne voulons pas entendre les gens se plaindre qu'ils sont trop jeunes, trop vieux, ou autre. L'expérience de Richard Joy devrait nous inciter à cesser de nous plaindre, à nous mettre au travail et à progresser.» La découverte de la fierté opère chez les gens des transformations absolument incroyables.

AIMEZ-VOUS VOUS-MÊME ET PROFITEZ D'UN DÉVELOPPEMENT EXCEPTIONNEL DE VOTRE ÂME

Je crois que finalement on peut affirmer que la grandeur d'âme se mesure en termes émotionnels. Les autres vous trouveront fantastique si vous vous montrez cordial, serviable, enthousiaste et optimiste.

On m'a demandé de donner une conférence à des étudiants sur le thème suivant: *La religion — une expérience qui développe l'esprit.* Si l'on appelle esprit la partie du cerveau qui recueille les données, la religion n'est pas une expérience qui développe l'esprit. C'est l'éducation qui développe l'intellect. Mais il reste un fait certain: lorsque l'âme se voit restreinte par des émotions négatives, l'intellect le plus grandiose, l'esprit aux dimensions cosmiques s'annihilera et deviendra aussi petit qu'une noix. En rentrant d'un voyage outremer, un savant à l'intellect exceptionnel a retrouvé sa femme au lit avec un autre homme. À partir de cet instant sa réaction émotionnelle négative a annihilé son cerveau. Il m'a confié qu'en classe il était incapable de se concentrer. Il ne pensait qu'à sa femme avec cet autre homme. Cet homme grandiose s'est ruiné en haïssant. «En réalité, je me détestais moi-même, a-t-il dit. Je souffrais profondément de me sentir infortuné, rejeté, humilié.» Pendant cette période d'obsession et de mépris de lui-même, il était intellectuellement aussi inutile qu'un ouvrier ignorant.

Puis, dès qu'il a retrouvé l'amour de lui-même, ses talents intellectuels se sont libérés. Il a repris vie! Il a retrouvé son sentiment de dignité en découvrant que même si quelqu'un l'avait trompé, il n'en restait pas moins une personne merveilleuse.

Il a appris que notre valeur personnelle ne dépend pas de ce que les autres nous font — mais plutôt de notre réaction à ce que les autres nous font. Il s'est rendu compte qu'il était libre de choisir la façon dont il allait réagir à ce qui lui était arrivé. En réagissant par la haine, la jalousie et le ressentiment, il devenait une personne absolument sans valeur. Invoquant toute sa force de volonté, il a décidé de renoncer à réagir négativement et d'adopter une attitude positive. Il a bientôt retrouvé sa fierté. Il a alors développé plus d'affection pour lui-même qu'il ne l'avait jamais fait auparavant.

L'amour de soi développe la conscience de notre âme, car il permet un contact vital avec Dieu. Nous ne nous sentons plus seuls pour faire face à la vie. Comme l'écrivait Kurt Lachmann dans un éditorial du *U.S. News and World Report: Les jeunes se révoltent autant dant les pays libres et riches de l'Ouest que dans les pays pauvres et totalitaires de l'Est. Les objectifs de leurs protestations diffèrent, mais quel est le dénominateur commun de leurs motifs? Je n'en trouve qu'un seul. C'est un sentiment de désespoir face à la puissance écrasante des coutumes et institutions établies d'une société de masse. Il s'agit d'une crise strictement urbaine, qui a éclaté au sein de systèmes sociaux aussi différents que celui des États-Unis et de l'Union Soviétique, de l'Allemagne et de la Pologne, de l'Italie et de la Tchécoslovaquie, de l'Angleterre et de l'Espagne. Le théâtre de l'absurde et l'art abstrait avaient d'ailleurs annoncé cette crise:* **«Des hommes désespérés opprimés par des puissances anonymes et privées de Dieu.»**

Lorsque nous perdons contact avec Dieu, nous nous sentons seuls et isolés. Tout au fond, il nous manque quelque chose. C'est le plaisir de sentir notre âme se développer qui nous manque.

AIMEZ-VOUS VOUS-MÊME — ET VOUS CAPTEREZ LA PUISSANCE DE LA TRINITÉ DE L'AMOUR

Quand nous nous aimons nous-mêmes, nous irradions ce bien-être tout autour de nous. (Tout comme lorsque nous nous détestons, notre haine irradie sur ceux qui nous entourent.) Aimez-vous vous-même et vous aimerez ceux qui vous entourent. Aimez les gens qui vous entourent et vous *aimerez Dieu. Aimez Dieu et vous vaincrez, avec son aide, les forces restrictives de la pensée négative. Vous n'aurez plus* d'inquiétudes, de ressentiments, de craintes et d'anxiété.

Votre visage rayonnera de l'assurance que: *Je peux tout par le Christ qui me fortifie.*

Vous tenterez de grandes entreprises.

Vous ne vous ennuierez plus jamais. Vous serez captivé et stimulé par vos projets audacieux.

Vous ne vous sentirez plus seul. Vous vous sentirez engagé avec quantité d'autres gens à la poursuite d'un rêve.

Vous ne vous sentirez plus écrasé sous le poids des complexes d'infériorité.

Vous découvrirez que vous pouvez réussir encore mieux que vous ne le pensiez auparavant.

Vous ne vous sentirez plus jamais triste et abandonné. Vous serez envoûté par la passion de vivre. Vous travaillerez en équipe avec Dieu, vous vivrez en harmonie avec vos semblables: vous ne vous sentirez donc plus jamais diminué et incompétent; vous êtes grand, puissant et affrontez la vie avec *courage: Avec Dieu, tout est possible. Si Dieu est avec moi, qui sera contre moi?*

Vous ne vous sentirez plus jamais fatigué. Vous serez stimulé par l'enthousiasme dynamique qu'est la puissance de l'amour que vous éprouvez pour vous-même, pour votre prochain et pour Dieu.

Vous ne penserez plus à ce qui vous attriste et à vos pauvres plaintes égoïstes. Vous ne vous apitoierez plus sur vous-même. Vous deviendrez une personne animée par la puissance de Dieu. Votre vie reflétera avant tout l'optimisme, l'espoir et la joie.

Vous serez même pris d'un désir soudain de renoncer à des habitudes ancrées qui vous détruisaient. Vous prendrez des résolutions grandioses et glorieuses. Vous vous considérerez soudain trop merveilleux pour rester enchaîné par de mauvaises habitudes. Vous abandonnerez ces habitudes. Vous serez envahi par l'impression merveilleuse que Dieu vous aide. Chaque nouvel accomplissement positif renforcera votre sentiment de valeur. Vous sentirez que vous vous développez, que vous devenez toujours plus grand, toujours plus fort.

Vous ne vous laisserez plus dominer par les circonstances. Vous aurez le courage de prendre des décisions et de tout entreprendre avec confiance après avoir pris ces décisions.

Vous remarquerez que vous n'essayez plus d'impressionner les gens avec votre compétence et vos réussites. Vous ne ressentirez plus le besoin de rivaliser avec les voisins.

Vous ne chercherez plus à recevoir des compliments et des applaudissements — parce que vous n'aurez plus besoin de ce réconfort extérieur. Vous saurez que Dieu est votre grand ami. Il vous approuve. Vous avez appris à vous aimer vous-même au moment où, vous tenant au pied de la croix du Christ, vous avez entendu le tonnerre de l'approbation de Dieu résonner dans la montagne.

Vous remarquerez que vous êtes devenu sincèrement humble. La fausse modestie dont vous vous étiez malhonnêtement revêtu n'était qu'une manoeuvre futile visant à impressionner les autres. Vous y renoncerez! Votre vanité hypocrite s'évaporera comme la rosée du matin sous le soleil de midi.

Vous serez là, à ciel ouvert, inondé de l'amour de Dieu, sachant tout simplement que vous êtes *son* enfant. Tout au fond de votre coeur, vous serez convaincu que vous êtes précieux.

Vous pourrez même profiter de la solitude sans vous sentir seul.

Vous découvrirez que c'est vrai: dès que vous saurez vous connaître et vous aimer, vous reprendrez vie!

ALORS

Si l'amour de soi nous apporte tant de bienfaits, pourquoi n'est-il pas inné pour tous?

V

Pourquoi ne vous aimez-vous pas?

Éprouvez-vous de la difficulté à vous aimer? Ne jetez pas le blâme sur vous-même trop rapidement. Il y a bien des chances que vous soyez victime de puissants facteurs sociologiques qui ont lentement rongé votre respect de vous-même. Avant d'apprendre comment développer l'estime de soi, analysons quelque peu les forces et les philosophies qui ont peut-être détruit votre dignité; nous allons pour cela poser des questions provocantes.

1. VOUS EFFORCEZ-VOUS D'AIMER QUELQU'UN QUE VOUS NE CONNAISSEZ PAS?

Est-il possible d'aimer quelqu'un que l'on ne connaît pas? Difficilement. Prenez le journal du matin. «Eh, chérie, il y a eu tout un accident d'avion cette nuit, ils annoncent qu'il y a eu soixante-deux morts.» «Vraiment? C'est terrible, dit-elle. Passe-moi un toast, chéri.» Pas de larmes dans vos céréales, ce matin. On ne pleure pas pour des gens que l'on ne connaît pas.

Maintenant supposons qu'un bulletin spécial annonce: «La petite Mélanie, âgée de quatre ans, est tombée dans un puits ouvert ce matin. Les sauveteurs disent qu'ils l'entendent appeler à l'aide.» Pendant les trente-six heures qui suivent, vous entendez son nom, apercevez sa photographie à la télévision, vous lisez quantité d'articles au sujet de Mélanie et de sa famille qui vit à St-Hyacinthe. Vous commencez à avoir l'impression que vous connaissez cette enfant. Votre coeur et vos yeux commencent à se remplir d'amour et de tristesse. Vous l'aimez parce que vous commencez à la connaître.

Vous connaissez-vous suffisamment pour être en mesure de vous aimer?

L'ANONYMAT PEUT ÊTRE UNE PART DE VOS PROBLÈMES

Nous savons tous que l'homme contemporain est en pleine crise d'identité. Il n'en a pas toujours été ainsi. Il fut un temps où les gens vivaient dans de petites villes où tous se connaissaient.

Que l'Amérique moderne est différente, avec ses villes surpeuplées! Presque personne ne vous connaît. Voilà treize ans que je suis client à la même banque et la caissière ne me connaît toujours pas. Dès qu'une caissière commence à me connaître, la voilà remplacée par une autre qui me demande de m'identifier chaque fois que je veux encaisser un chèque. Je dois lui montrer mon permis de conduire. Elle doit vérifier dans les dossiers de la banque. Si nous sommes des étrangers pour la plupart des gens, nous éprouvons beaucoup de difficulté à nous connaître nous-mêmes.

La comédie musicale de Broadway intitulée *Carnival* présente un personnage séduisant, Mira, qui a été élevée dans l'orphelinat d'un petit village italien. Elle s'aventure dans le vaste monde et se joint à des funambules. Un soir où elle se sent particulièrement seule, abandonnée et loin de son pays, elle s'avance sur la piste de sable, sous la grande tente, et commence à chanter une chanson qui parle de Mira et du village où au moins tout le monde connaissait son nom. Quand tous les gens que vous rencontrez vous saluent d'un «Bonjour» sans couleur avec un sourire anonyme, vous finissez par vous sentir plus un objet qu'une personne.

LE PLURALISME AGGRAVE LA CRISE D'IDENTITÉ

Il y a très longtemps, les Américains étaient très fiers (1) de leur nationalité et (2) de leur foi religieuse. Ceci les aidait à se connaître eux-mêmes. Pour mieux comprendre de quoi je parle, rendez-vous dans un village de Suisse. Arrêtez-vous dans un magasin et demandez au propriétaire qui il est. Il vous répondra immédiatement: «Suisse. Je ne suis ni Allemand, ni Français, ni Italien, je suis citoyen suisse. Je suis un citoyen suisse francophone. Je suis horloger et catholique.» Son sens de l'identité est inné.

Les communautés ethniques, aux États-Unis — les Polonais, les Hollandais, les Allemands, les Norvégiens — se sont désintégrées. Nous formons maintenant une société pluraliste. Nous diluons nos convictions religieuses, nous oublions notre nationalité, nous ne devenons plus qu'un grain de sable dans l'univers. Si nous avons la peau blanche, nous perdons tout signe distinctif. Sans nous en rendre vraiment compte, nous sommes devenus une société dépersonnalisée.

LES MÉTHODES DE TRAVAIL
VOUS NUISENT PEUT-ÊTRE

Autrefois, l'artisan suivait sa création du début à la fin. Il *s'intégrait à son travail.* Il se reconnaissait dans l'horloge qu'il avait fabriquée de ses propres mains. Il était fier de son travail et de lui-même. Dans notre société hautement industrialisée, l'ouvrier moyen est si éloigné du produit fini que son travail ne reflète plus sa personnalité; il ne reflète plus qu'une masse d'individus anonymes.

LE NOMADISME PEUT DÉROBER VOTRE IDENTITÉ

Paul Tournier nous a rappelé que pour être en pleine santé psychologique, nous devions *avoir un logis stable*. Il fut un temps où les gens, en général, avaient un endroit qu'ils pouvaient appeler «chez-nous». C'était généralement la maison même où ils avaient vécu toute leur vie, dans une petite ville. Ils étaient enracinés dans la communauté. Les gens se connaissaient, se faisaient confiance, s'aimaient. Chacun savait que d'autres l'aimaient sincèrement. Chacun connaissait son identité. Il se découvrait grâce à la fraternité qui régnait dans la communauté. Sa maison lui rappelait ses origines. Les portes, les fenêtres, les chambres, les meubles lui rappelaient constamment qui il était et ce qu'il était. Il avait de bons souvenirs. «Papa s'asseyait toujours dans ce fauteuil. Lorsque j'étais enfant, je jouais dans ce coin. Maman aimait bien tricoter près de cette fenêtre!» Ces souvenirs lui procuraient un sentiment d'identité.

On a peine à imaginer aujourd'hui des familles vivant dans la même maison d'une génération à l'autre. Si on y vivait heureux et en pleine santé et si la maison regorgeait de bons souvenirs, de la structure elle-même émaneraient des vibrations de bonheur et de santé pour ceux qui viendraient y vivre. Tout cela développe le sens de l'identité et l'amour de soi.

À quel point, par conséquent, les déplacements contribuent-ils à aggraver la crise de l'identité? Beaucoup plus que nous le croyons, je puis vous l'assurer.

2. LA DÉSINTÉGRATION DE LA FAMILLE TRADITIONNELLE DÉTRUIT-ELLE L'AMOUR DE SOI?

Lorsque la mort ou le divorce vous arrache votre conjoint, vous perdez une partie de vous-même. Deux personnes qui vivent ensemble et qui font l'amour ensemble finissent par s'absorber l'une l'autre. Notre douleur consiste donc à pleurer la partie de nous-mêmes qui nous a quittés. Essayez-vous d'aimer quelqu'un qui n'est plus en vie?

LE DIVORCE DÉTRUIT L'AMOUR DE SOI

Lorsque le mariage se termine par un divorce empreint de ressentiment, on se sent naturellement torturé par la haine que l'on éprouve pour soi-même. Les divorcés souffrent d'un terrible sentiment d'échec.

Cette façon de désintégrer une famille est le pire ennemi de l'estime de soi. Qu'arrive-t-il aux enfants? «Je pense que mes enfants seront bien plus heureux dans une atmosphère de paix et de tranquillité que dans un foyer où l'on se querelle constamment», me répondra une femme. Mais la plupart du temps les faits ne corroborent pas cette opinion. En réalité, les parents qui discutent ouvertement sur plusieurs sujets et qui peuvent avoir des périodes de réconciliation et d'harmonie et en sachant conserver leur mariage intact donneront un enseignement très précieux à leurs enfants.

Les enfants qui se développent dans une telle ambiance apprendront que l'on ne part pas avec ses billes chaque fois que les autres ne sont pas d'accord avec nous. Ces enfants apprendront que l'on ne fuit pas les problèmes mais qu'on leur fait face avec détermination. Ces enfants se lanceront eux-mêmes dans le mariage en sachant d'avance que de temps en temps ils se querelleront avec leurs conjoints. À ces moments-là, ils ne boucleront pas leurs valises en considérant leur mariage comme un échec ou en déclarant faussement: «Quelque chose a changé entre nous. Nous n'éprouvons plus les mêmes sentiments l'un pour l'autre. Je pense que nous ne nous aimons plus. Laissons tout tomber.» L'enfant qui a appris à s'attendre à rencontrer des problèmes, à leur faire face et enfin à les résoudre est très près de l'amour de soi.

On développe aussi l'amour de soi en affrontant et en résolvant les difficultés. Toute personne mûre considérera ses problèmes comme une occasion de développer son amour de soi. Chaque tension, chaque problème et chaque épreuve nous donne l'occasion de développer notre pensée positive et de vaincre les épreuves sournoises de la vie.

Ce qu'on retire de l'amour de soi? Le sentiment noble que l'on est une personne merveilleuse qui sait affronter et résoudre ses problèmes!

On a déjà tellement écrit sur le choc émotionnel que subit un enfant de parents divorcés qu'il serait inutile que nous élaborions le sujet. Il nous suffira d'affirmer que l'enfant sait, tout au moins inconsciemment, qu'une partie de lui-même est dans son père et une autre partie, dans sa mère. S'il détecte une attitude hostile de la part de l'un de ses parents envers l'autre (et ceci est souvent inévitable dans les cas de divorce) il s'aigrira et deviendra hostile envers lui-même. S'il développe du ressentiment pour son père, il aura tendance à transposer cette hostilité lorsqu'il accomplira son propre devoir de père. De même, s'il développe de l'hostilité envers sa mère, il aura tendance à transporter cette hostilité en accomplissant son devoir de mère.

LA DISCIPLINE INCONSISTANTE
PRODUIT L'INSÉCURITÉ

Les enfants de divorcés ont tendance à être indisciplinés. La discipline procure aux enfants un sentiment profond de sécurité.

Si la mère se remarie, elle portera tout à coup un nom différent de celui de ses enfants. Les parents ne se rendent pas compte que lorsque l'enfant remplit par exemple un formulaire de demande d'inscription à un camp d'été pour les jeunes et qu'il doit inscrire le nom de sa mère comme étant madame Diane Tremblay et son propre nom qui est Martin Lalonde, il développe en lui-même une profonde confusion quant à son identité.

Il est déjà très difficile de maintenir une discipline constante dans une bonne famille; dans le cas d'un ménage brisé, ceci devient extrêmement difficile. Papa prend les enfants pendant la fin de semaine. Il ne désire pas appliquer la discipline. C'est une fin de semaine de fête. Finalement, ses enfants le considèrent comme un être merveilleux et agréable. La mère, qui doit vivre avec les enfants jour après jour et appliquer une discipline ferme, échoue totalement lorsque l'enfant revient révolté parce que son père s'est montré trop permissif durant la fin de semaine d'amusements.

Cette situation détruit entièrement les forces créatrices permettant à l'amour de soi de se développer.

3. LE DOCTEUR SPOCK VOUS A-T-IL ASSÉNÉ UN COUP BAS?

La tolérance extrême de notre société est une autre force qui détruit l'amour de soi. La tolérance exagérée agit contre l'amour de soi. On a posé la question suivante au docteur Robert E. Fitch, professeur d'éthique chrétienne au *Pacific School of Religion, Berkeley, Californie:* «Qu'est-ce qui redonnerait l'équilibre à notre nation?» Il a répondu entre autres: «Il faudrait effectuer certains changements au sein du foyer américain pour maîtriser cette longue période *Spockienne* de tolérance excessive. Nous devons inculquer à nos enfants le sens des valeurs morales avec lesquelles ils pourront affronter la vie et leur apprendre qu'il existe vraiment dans le monde une autorité.»

Observons un instant la tolérance et voyons quel rapport elle a avec le développement de l'amour de soi. La tolérance exagérée naît avant tout du fait que les adultes désirent s'aimer eux-mêmes. Nous nous sentons bien lorsque nous agissons avec tolérance et compréhension. Mais en étant trop tolérants, nous commencerons à nous déplaire légèrement. Lorsque nous permettons aux gens de *s'en tirer* trop facilement, nous perdons tout respect de nous-mêmes. Nous pouvons nous haïr quand nous jugeons trop sévèrement, mais nous nous haïssons également lorsque nous négligeons d'appliquer une juste discipline. Nous devons souvent chercher un bon équilibre entre la pitié et la justice pour nous sentir vraiment en accord avec nous-mêmes. Qui ne s'est jamais mentalement blâmé en sortant d'une réunion à controverse en se disant: «Pourquoi n'ai-je rien dit?»

4. VOUS SENTEZ-VOUS PRIS AU PIÈGE?

La tolérance exagérée cause des problèmes. La restriction extrême a le même effet. L'homme a un besoin impératif et instinctif de liberté. Qu'il s'en rende compte ou non, ce besoin insatiable de liberté provient de son besoin d'amour de soi. Tant que l'on ne me laisse pas m'exprimer ouvertement et honnêtement, je ne me connaîtrai jamais moi-même. Et je ne pourrai m'aimer que lorsque je me connaîtrai. Je me connais lorsque je suis conscient que je parle, que je travaille, que je me dispute ou que j'aime. Plusieurs conseillers matrimoniaux affirmeront que beaucoup de gens ont résolu leurs problèmes par le dialogue. Bien entendu: ils perçoivent leur véritable identité avec leur ouïe. Théoriquement, par conséquent, la démocratie qui encourage la liberté d'expression et la liberté d'opposition est un système politique créant le climat mental et émotionnel le plus apte au développement de l'amour de soi.

Mais même dans ce que nous qualifions *la société libre* l'individu se retrouve dans des situations où on ne lui permet pas de s'exprimer librement, sans irriter le système. Enchaîné financièrement par son employeur, il sacrifie une partie de lui-même en restreignant ses sentiments d'agressivité. Il en vient ainsi à moins se connaître, à moins se respecter, annihilant ainsi son amour de soi.

On pourrait bien qualifier le XXe siècle de l'ère du développement hautement sophistiqué d'un institutionnalisme limitant la liberté et géré par *l'Ordre établi*. On a créé un climat qui détruit le dialogue qui normalement encourage la liberté d'expression. Qu'en est-il résulté? Une frustration croissante qui a finalement éclaté en protestations et en rébellions massives: tentatives hystériques et dramatiques à l'excès de dialoguer d'une façon peu communicative et agressive avec les autorités protégées et peu intéressées qui prennent les décisions et qui gèrent les institutions établies. Notre amour de nous-mêmes est blessé par le fait que l'on ne se respecte pas assez pour se permettre de communiquer ses sentiments en dialoguant — le dialogue étant la forme réelle de communication qui produit de l'amour de soi.

5. VOUS CONTENTEZ-VOUS D'UNE SÉCURITÉ IMAGINAIRE?

En parlant des craintes et de l'anxiété de ceux qui ne se sentent pas en sécurité, les partisans de la sécurité imaginaire aggravent les difficultés de l'homme moderne. La prétendue sécurité qu'offre par exemple le communisme est une sécurité contrefaite. En essayant d'éviter toute concurrence aux gens, de les protéger de l'échec et de la pauvreté, le communisme offre-t-il la vraie sécurité? Le communisme élimine peut-être la crainte de la famine et de la pauvreté, mais l'absence de la crainte n'est pas une preuve de courage. Qu'est-ce que la vraie sécurité, alors? C'est de croire profondément en soi-même.

LA VRAIE SÉCURITÉ, C'EST
D'AVOIR CONFIANCE EN SOI

Comment développe-t-on la confiance en soi? Certainement pas en se conformant à la masse. Les foules font disparaître l'individualité. C'est d'ailleurs ce qu'observait le célèbre psychiatre C.G. Jung: «L'esprit de masse prive l'individu de son identité et de sa dignité. En tant qu'unité sociale, il a perdu son individualité et est devenu un numéro abstrait au bureau des statistiques. C'est exactement ce qu'il est; de ce point de vue, il est donc absurde de continuer à parler de la valeur de l'individu. Vu sous cet angle, l'individu perd graduellement son importance... Plus la foule est massive, moins l'individu a d'importance.»

On ne trouve jamais la confiance en soi, qui à son tour génère la valeur personnelle, dans la sécurité des masses enfermées dans des forteresses. Nous n'acquérons de la confiance en nous-mêmes que lorsque nous prenons le risque d'échouer et que nous réussissons par nous-mêmes. Vous vous sentez très fier de vous-même après avoir accepté un grand défi et l'avoir relevé.

6. QUEL GENRE D'ENFANCE
AVEZ-VOUS TRAVERSÉE?

Les expériences malheureuses et profondes vécues durant l'enfance sont souvent la cause d'un manque subséquent d'amour de soi. C'est pourquoi un psychologue compétent pourra, à la suite d'une analyse poussée de votre enfance, vous dire pourquoi vous avez enfoui votre amour de vous-mêmes au fond d'un compartiment sombre de votre mémoire.

On sait maintenant que l'enfant qui s'est senti rejeté par son père ou par sa mère éprouvera très certainement de la difficulté à s'aimer lui-même. Nous connaissons tous les problèmes d'un enfant qui a été trop choyé pendant son enfance. Observez par exemple l'enfant d'une vedette de cinéma. Certains enfants célèbres se trouvent adulés, gâtés et traités aux petits soins. Ils rencontrent de graves problèmes lorsqu'ils deviennent adultes et qu'ils ne sont plus le centre d'attention des autres. Ils sont incapables de s'aimer sans s'aduler eux-mêmes.

Observons maintenant l'enfant qui a un père ou une mère renommé. Il sera presque inévitablement porté à comparer ses propres accomplissements avec ceux de son parent exceptionnel. Si l'amour qu'il a pour lui-même ne dépend que de son accomplissement personnel, il aura bien de la peine à s'aimer à moins qu'il soit l'un de ces rares enfants qui surpassent leurs parents réputés. Mais la plupart du temps, il grandit en ce sous-estimant. Il développe une image de soi pitoyable et un jour ou l'autre il se replie dans l'obscurité, se révolte pour attirer l'attention ou s'irrite contre le monde qui ne le considère pas autant qu'il a considéré ses parents. Il traverse la vie de différentes façons destructrices et souffre d'un manque d'acceptation de lui-même, d'estime de soi et de valeur personnelle.

On comprend facilement comment un enfant élevé dans la pauvreté apprend à se sous-estimer. Un homme de cinquante ans en pleine réussite, élégamment vêtu et ayant apparemment très confiance en lui s'imaginait encore être une personne sans valeur. Au cours d'une séance chez un conseiller, il a rappelé certains incidents vécus durant son enfance pauvre. Sa famille vivait justement dans le district de l'école qui recevait les enfants les plus riches de la ville. Il devait se rendre à l'école en vieilles salopettes alors que les autres étaient finement habillés. En racontant son enfance, il a déversé histoire sur histoire d'abus, de ridicule et d'embarras. Parvenu à l'adolescence, il avait une triste impression de lui-même, qui l'a ensuite dominé toute sa vie. Il pensait avoir bien su ensevelir ces souvenirs d'enfance humiliants. Mais je lui ai fait remarquer: «Vous pouvez ensevelir une boîte de fer blanc; elle rouillera. Vous pouvez ensevelir un morceau de bois; il tournera en poussière. Vous pouvez ensevelir un vieil os. Mais vous ne pouvez pas ensevelir un ver de terre.» Et les échecs de l'enfance sont comme des vers de terre. Ils renaîtront encore et toujours sous des formes souvent diverses telles que l'agressivité, l'ambition excessive ou autres traits négatifs de la personnalité.

7. VOTRE RICHESSE VOUS DÉFAVORISE-T-ELLE?

Ceci vous surprendra peut-être mais l'aisance peut elle aussi, comme la pauvreté, vous empêcher de vivre certaines expériences qui normalement développeraient en vous l'estime de vous-même.

Il y a quelques années, en camping, j'ai dû affronter ce qui semblait être un petit conflit familial. Nous étions déjà bien loin de la maison quand nous nous sommes aperçus que mon fils cadet avait oublié d'apporter ses jouets. Mon budget limité ne me permettait pas de lui acheter le bateau à voile qu'il désirait. Nous avons décidé d'en fabriquer un. En famille, nous avons passé une journée entière à ramasser des morceaux de bois, des clous et des morceaux d'étoffe. Nous avons sculpté la coque dans un vieux bout de bois à l'aide de mon couteau de chasse. Nous avons confectionné la voile d'un vieux mouchoir inutilisé. Nous avons placé une tige d'osier en guise de mât. Nous avons fait la quille avec une boîte de conserve que nous avons aplatie et clouée fermement sous notre petite barque. La construction de ce jouet est devenue un projet familial passionnant! Je n'oublierai jamais l'excitation de mes enfants à mesure que ce jouet prenait forme. «Crois-tu qu'il va vraiment flotter, papa?» me demandait Robert d'un air douteux. «Bien sûr, Robert» lui répondait Monique. Puis, avec la confiance inébranlable d'une enfant de six ans, elle a ajouté: «Tout ce que fait papa fonctionne toujours.» Les yeux de Robert se sont illuminés d'une foi renouvelée pour notre projet. «Dépêche-toi, papa, il faut l'essayer», me pressait-il. Nous avons enfoncé le mât dans la coque, attaché la voile au mât à l'aide d'une épingle et nous nous sommes dirigés allègrement vers le lac.

Sur la plage, nous avons d'abord baptisé officiellement l'embarcation. Nous l'avons appelée *Reine du Lac*. Il nous a fallu quelques minutes trépidantes pour convaincre mon cadet qu'il ne pouvait pas y monter lui-même, puis nous l'avons mise à l'eau! La voile a d'abord tremblé craintivement comme un enfant sur le point de faire son premier pas, puis, comme si elle prenait confiance tout d'un coup, elle s'est gonflée en entraînant avec elle la *Reine du Lac* dans son premier voyage. «Elle avance! Elle avance! Elle avance!» criaient en choeur les enfants fous de joie! À cet instant je me suis senti très fier de moi. Le manque d'argent pour acheter un bateau à voile m'a permis une expérience passionnante. Cet état de pauvreté m'a procuré un sentiment d'estime de moi que je n'aurais jamais eu l'occasion de ressentir si j'avais eu assez d'argent pour acheter un voilier racé, fabriqué à la perfection.

8. VOUS SENTEZ-VOUS COMME UNE FOURMI ESSAYANT D'ÉVITER LES PATTES DE L'ÉLÉPHANT?

La menace d'une éventuelle destruction nucléaire n'aide certainement pas l'homme à développer son amour de soi. Il se sent comme une fourmi tremblante essayant d'éviter les pattes tonitruantes d'une horde d'éléphants thermonucléaires. Jusqu'à présent nous avons évité cette catastrophe; mais nous ne pouvons pas nous empêcher de nous sentir impuissants devant la menace de ce monstre invincible.

De plus, notre époque d'automatisation et d'informatique fait dégénérer le sens de dignité de l'homme. En diminuant la puissance créatrice de l'homme et en dépersonnalisant l'humain (tout en consacrant l'image de la machine électronique toute puissante qui nous surveille constamment), elle contribue plus que nous le pensons à causer la tension qui nous perturbe.

9. AVEZ-VOUS SUBI UN EXAMEN MÉDICAL RÉCEMMENT?

Je me souviens d'un de mes amis, un homme enthousiaste, communicatif et plein de confiance en soi qui semblait avoir toutes les qualités de l'individu ayant su développer un sentiment d'importance personnelle empreint de maturité. Puis, sans raison apparente, il est tombé dans un état dépressif et a perdu beaucoup d'affection pour lui-même. Cet état provoqua à son tour beaucoup d'anxiété et les difficultés personnelles qui en résultent obligatoirement. Je lui ai conseillé de subir un examen médical. Il en est revenu en déclarant que le médecin lui avait dit qu'il souffrait du diabète! Dans un autre cas que je me rappelle, le psychiatre a découvert une déficience de la glande thyroïde chez son patient. Perdez-vous votre estime personnelle? Vous devriez peut-être consulter un médecin. La cause est peut-être d'ordre physique.

10. QUELLE IMAGE VOUS FAITES-VOUS DE VOUS-MÊME?
ou
L'ART MODERNE VOUS A-T-IL DÉFIGURÉ?

Le réalisme extrême de l'art moderne a également contribué à faire perdre à l'homme le respect de lui-même. La sculpture a atteint le sommet de sa gloire à l'âge d'or de la Grèce, alors que l'on représentait le corps humain de façon très idéaliste, tout en demeurant réaliste. Puis l'art a eu pour but de donner à l'homme une image noble de lui-même, exaltée et idéalisée.

L'art grec a commencé à se détériorer quand on a commencé à représenter le corps de l'homme de façon plus féminine.

Aux débuts de la culture américaine, la sculpture, la littérature et la peinture avaient tendance à représenter la personne idéale. Les personnes ignobles étaient soit transformées, soit condamnées. On n'appréciait l'art que lorsqu'il offrait à l'homme une image ennoblie de lui-même.

Il s'est alors produit une réaction inévitable. Dans la réalité, personne n'est parfait. Notre philosophie actuelle proclame: «Soyez réalistes. L'art doit représenter l'homme tel qu'il est et non tel qu'il désirerait être.» C'est pourquoi le théâtre et la littérature nous présentent souvent une image dégradante de l'humanité. Qu'en résulte-t-il? À force de nous représenter l'image la plus vile de l'homme, nous développons une image négative de nous-mêmes. Que se produit-il alors? Cela nous inspire-t-il la grandeur? Difficilement...

Lorsque l'art nous présente un jugement négatif de l'humanité, sans espoir de rédemption, alors il n'est qu'un sacrilège obscène profanant le respect que l'homme devrait avoir pour lui-même. L'art devient alors immoral.

Qu'est-ce que l'immoralité? Tout ce qui porte atteinte à la dignité humaine et qui nuit à la valeur personnelle que l'homme porte en lui!

11. VOUS ÊTES-VOUS LAISSÉ TROMPER PAR LES FAUX DISCIPLES DE DARWIN?

Un jour, Santayana a dit: «Dès que quelqu'un fait une découverte de valeur quelqu'un d'autre vient l'exagérer.» C'est arrivé aux théories de Charles Darwin. Avant le XXe siècle, l'homme n'avait jamais pensé qu'il n'était rien de plus qu'un singe glorifié. Nous sommes très reconnaissants des contributions de Darwin. Malheureusement, certains spéculateurs philosophiques ont exagéré ses théories et ses conclusions. *Les matérialistes qui recherchent désespérément un système qui explique l'homme sans Dieu ont transformé le procédé de l'évolution en philosophie de l'évolution.* Pendant des millénaires, l'homme s'est considéré comme une création divine unique. Il en a acquis un sens extraordinaire de respect de lui-même. Et maintenant nous avons des anthropologues comme Desmond Morris qui nous disent que nous ne sommes rien de plus que des singes nus. Monsieur Morris nous administre le plein traitement d'annihilation de l'amour de soi dans le dernier chapitre de son livre, lorsqu'il affirme que l'espèce humaine est destinée à disparaître.

12. AVEZ-VOUS ÉTÉ BRÛLÉ
PAR LES ÉTINCELLES DE MARX?

Les enseignements de Karl Marx, eux aussi, détruisent la dignité humaine. Aucune philosophie de l'Histoire de la civilisation humaine n'a su aussi bien ni aussi finement affirmer que l'homme est un ordinateur intelligent composé d'os, de chair et de sang et qui s'entretient de sexe et de steak. *Le marxisme mesure la valeur de l'homme par sa productivité. L'homme devient un outil non plus une personne. Quel coup dur ceci porte à l'amour de soi!* Deux communistes américains discutaient du cas de Kathy Fiscus, une jeune fille qui est tombée dans un puits il y a quelques années. On a dépensé un montant total de $250 000 pour essayer de la sauver. Malheureusement elle est morte avant qu'on y réussisse. Un marxiste commenta: «Comme c'est ridicule de dépenser un quart de million de dollars. En neuf mois, on pouvait la remplacer par un enfant plus brillant qu'elle. On aurait pu accoupler un mâle plus intelligent avec une femelle plus productive. On aurait pu consacrer ce quart de million de dollars à la construction d'un hôpital!»

Lénine se trompait quand il prédisait que le communisme serait *la vague du futur*. Je prédis avec assurance qu'en fin de compte le communisme échouera, parce qu'il ne répond pas au désir primordial de l'homme! Il viole la dignité humaine et lutte contre le besoin qu'a l'homme de s'aimer lui-même.

13. LA RELIGION A-T-ELLE DÉTRUIT VOTRE FOI?

La religion aussi a souvent nui à l'amour de soi. Toutes les religions sont plus ou moins coupables de cette faute. L'hindouisme est un système de castes, le bouddhisme nie le droit d'existence de l'individu et le christianisme a ses problèmes particuliers dont je parlerai plus en détails.

La première erreur du christianisme orthodoxe a été de ne pas savoir distinguer entre l'amour de soi et l'entêtement. On apprend à l'homme à se sentir coupable chaque fois qu'il est envahi d'un merveilleux sentiment d'importance. Qu'arrive-t-il alors? Il réprime ces nobles sentiments d'amour de soi qu'il ressent après avoir honnêtement réussi, après s'être réellement discipliné et avoir partagé avec son prochain. Il n'ose pas profiter de ces émotions saines de peur de se faire juger pour vanité et orgueil.

Comment le christianisme a-t-il pu se tromper ainsi? En réalité tout a commencé avec Aristote, trois cents ans avant le Christ. Le philosophe grec s'est aperçu de la tendance presque instinctive de l'homme à se condamner. En pliant à l'envers le rameau qu'il tenait dans la main, Aristote a démontré comment l'humain est porté à se sous-estimer: à condamner, à diminuer et à critiquer sa propre valeur. Aristote a illustré sa solution en pliant le rameau vers l'avant: il conseillait à l'homme de se surestimer. «Nous devons nous grandir, nous pavaner et déclarer d'un air important: *Quel être exceptionnel je suis!*» Les disciples de cette philosophie grecque étaient vantards, ils se pavanaient et se gonflaient d'orgueil. Qu'en résulta-t-il? Une arrogance agressive qui incitait les gens à dédaigner tous ceux qui se trouvaient à un niveau social inférieur. Réprimant cette attitude, le christianisme est arrivé avec sa doctrine de *l'humilité.*

On s'est heurté à un grand problème quand on a dû traduire la notion chrétienne de respect de soi-même en latin (première langue dans laquelle on a concrétisé la philosophie du christianisme). Un érudit latin a déclaré: «Il n'existe aucun mot en latin qui exprime vraiment le sens d'estime de soi dont les chrétiens devraient être animés.» Les traducteurs latins, en réaction contre la notion d'orgueil vantard d'Aristote, ont adopté, d'après l'enseignement de Saint-Paul, le mot latin *humilitas* pour décrire ce que nous devrions ressentir envers nous-mêmes. Malheureusement, le mot *humilitas* exprimait plus l'idée de se sous-estimer, de s'abaisser, de déclarer «Je ne vaux rien» en sous-entendant que l'on pèche si l'on se pense merveilleux, animé d'un sentiment naturel d'amour de soi.

Le Christ, au contraire, a toujours essayé de relever l'image que l'homme se faisait de lui-même. Quand *il* rencontrait des gens immoraux, *il* ne les traitait jamais de pécheurs. Jamais! «Suivez-moi et *je ferai de vous* des gens merveilleux», disait-*il.* Parmi les membres les plus méprisés de la société dans laquelle *il* vivait se trouvaient les Juifs engagés par les Romains pour percevoir les impôts durant l'occupation de l'armée romaine. Des hommes comme Zachée. En le rencontrant, Jésus aurait pu le juger durement. *Il* a au contraire cherché à développer l'amour-propre de cet homme en demandant de pouvoir passer la nuit dans le gîte de cet hypocrite percepteur d'impôts.

Il est intéressant de constater que les seules personnes que le Christ ait jamais accusées de péché soient les gens étroits d'esprit, attachés à la loi, super-religieux. Il les appelait *génération de vipères.* Qu'avaient-ils fait de si maléfique? *Ils s'étaient investis de l'autorité religieuse pour détruire en l'homme tout sentiment d'amour de soi et de valeur personnelle.* Je crois que rien ne détruit plus le respect de soi-même que l'autorité religieuse qui, pointant du doigt et brandissant les poings, affirme parler au nom de Dieu.

Le docteur Samuel Shoemaker, homme religieux américain renommé, a déclaré: «La religion ne pourra jamais résoudre les problèmes humains. Toutes les religions du monde sont inadéquates. Seul le Christ est la solution. Seul le Christ comprend. Seul le Christ pardonne. Seul le Christ élimine votre culpabilité. Seul le Christ sauve et vous assure que vous êtes un enfant de Dieu et la personne la plus merveilleuse qui puisse exister! Seul le Christ remplit le coeur humain d'amour - de joie - de paix - de confiance en soi. On comprend facilement pourquoi les vrais chrétiens s'aiment eux-mêmes.»

Plus que toute autre raison sociale, économique, psychologique ou politique que nous avons mentionnée ou non dans ce chapitre, ceci est la vraie raison pour laquelle nous ne savons pas vraiment nous aimer nous-mêmes.

Nous avons perdu contact avec Dieu.

VI

Recommencez à neuf

En Italie, ma femme et moi avons pris l'hydroglisseur pour nous rendre de Naples à l'île de Capri. Quelle expérience! Le bateau était rempli à craquer de touristes et d'Italiens. En l'apercevant du quai, on pensait presque qu'il allait sombrer dans la baie. Il a vogué lentement en émergeant de l'eau, a pris de la puissance comme un immense avion à réaction pour se mettre à voler au-dessus de l'eau sur ses quatre skis. Nous glissions à toute vitesse en dépassant les lourds remorqueurs qui avançaient avec peine à travers les eaux lourdes de la mer.

Quelle belle parabole de la vie humaine! Écrasés sous toutes sortes de fardeaux moraux, nous avançons avec peine, comme de lourds remorqueurs, en essayant de pousser devant nous tout le poids de l'océan. Nous devrions nous élever au-dessus de nos épreuves avec puissance. Dieu a créé les humains pour qu'ils traversent allégrement l'existence, effleurant les grosses vagues, volant bien haut, progressant rapidement et régulièrement. C'est exactement ce que l'amour de soi nous permet d'accomplir.

Rien n'écrase plus notre amour de nous-mêmes qu'une culpabilité déprimante. Qu'est-ce que la culpabilité? Comment détruit-elle l'amour que nous avons pour nous-mêmes? Comment pourrions-nous faire périr notre culpabilité et faire taire notre honte?

LA CULPABILITÉ EST UN
PHÉNOMÈNE PROPRE AUX HUMAINS

Le docteur Viktor Frankl faisait remarquer: «...*aucun autre animal ne ressent la culpabilité.*» Et le psychiatre autrichien explique que: «Le chien ne se précipite pas sous la table après avoir mouillé le tapis parce qu'il se sent coupable. Ce n'est qu'un réflexe conditionné. Il ne fait qu'essayer d'éviter la punition qu'il reçoit ordinairement après avoir agi de la sorte.»

La vraie culpabilité est une émotion négative qui envahit **l'esprit conscient** *lorsqu'il exerce sur lui-même un jugement moral personnel.* Un tel phénomène ne se manifeste que chez l'Homo sapiens. Immanuel Kant observait: «Deux choses m'étonnent — le ciel étoilé au-dessus de moi et la loi morale qui règne en-dessous.»

LA CULPABILITÉ EST UN
SENTIMENT TRÈS RÉPANDU

LES RICHES se sentent coupables lorsqu'ils traversent le ghetto; c'est ce qui pousse certains millionnaires à se retourner contre le système qui leur a permis de s'enrichir.

LES PAUVRES, en se comparant aux riches, se condamnent pour n'avoir pas réussi. Comme le disait Joshua Liebman: «La culpabilité, c'est l'échec qui accuse.»

LES GENS TRISTES ET MALADES se sentent coupables de devenir un fardeau pour leur famille et leurs amis.

LES GENS ACTIFS ET PROSPÈRES se sentent coupables pendant leurs heures de loisirs. «En réalité, je ne devrais pas être ici. J'ai tellement de projets.»

LES GENS DIVORCÉS souffrent d'une culpabilité que l'on comprend facilement.

LES VEUFS ET LES VEUVES ont aussi tendance à se sentir coupables. «Vous avez du plaisir?» ai-je demandé à une veuve américaine qui visitait Istamboul. «Pas vraiment», m'a-t-elle répondu honnêtement. Sachant que j'étais pasteur, elle m'a avoué: «Depuis que j'ai perdu mon mari il y a quatre ans, je me sens coupable chaque fois que je commence à m'amuser. Voilà que je dépense l'argent qu'il a gagné si durement.»

LES GENS IMPOPULAIRES se sentent coupables: «Je ne dois pas agir comme je le devrais, sinon j'aurais beaucoup plus d'amis.»

LES GENS POPULAIRES souffrent d'une culpabilité particulière: «J'étais si occupé que je n'ai pas eu le temps de répondre à son appel — j'ai complètement oublié son anniversaire.» «J'ai tellement d'amis que je ne peux pas garder contact avec tous et ça m'ennuie beaucoup», me confiait un jour un ami.

CELUI QUI NE RÉUSSIT PAS BIEN n'a pas la conscience tranquille: «Je sais bien que je devrais faire mieux que ça.»

LA PERSONNE EN PLEINE RÉUSSITE se trouve elle aussi en proie à la culpabilité. «Je suis tellement occupée à réussir que je ne consacre pas assez de temps à ma famille et à ma communauté.»

Et l'on ne se libère pas de la culpabilité avec l'âge. Les gens âgés se disputent encore avec leur conscience: «Pourquoi n'ai-je pas pensé à faire cela? Pourquoi ai-je agi de la sorte? Ces questions surgissent d'une série de regrets longue comme la vie. «J'ai l'impression d'être un fardeau pour mes enfants. Je suis si inutile que je me sens coupable d'être en vie.»

LE SENTIMENT DE CULPABILITÉ
EST UN GRAND IMPOSTEUR

Nous avons tellement besoin de nous aimer nous-mêmes que nous résistons fortement à la culpabilité. Que se produit-il alors? La culpabilité se déguise — quelquefois même en extrême générosité ou en dévotion excessive. Mais le plus souvent, pour échapper aux attaques de la culpabilité et protéger notre estime de nous-mêmes nous tentons de rationaliser nos sentiments; nous découvrons alors que nous souffrons d'émotions obsédantes et négatives. L'amour de soi véritable nous aide à déceler les déguisements qu'endosse notre sentiment de culpabilité.

QUEL EST VOTRE PROBLÈME?
QUE DE FOIS LE CONSEILLER
POSE CETTE QUESTION.
QUE DE FOIS IL NE REÇOIT PAS
UNE RÉPONSE FRANCHE.

«J'AI PEUR»

Êtes-vous certain que vous éprouvez de la peur? Vous souffrez peut-être en réalité de culpabilité déguisée en crainte. Au fond, qu'est-ce que la culpabilité?

1. La culpabilité est la crainte de s'exposer. «Que se produira-t-il s'ils découvrent qui je suis vraiment?»

2. La crainte de s'exposer est en réalité la crainte d'être jugé. «Ils vont me mettre sur la sellette.»

3. La crainte du jugement est en réalité la crainte d'être rejeté. «S'ils découvrent cela ils vont me congédier!»

4. La crainte d'être rejeté est en réalité la crainte de l'humiliation. «J'aurai tellement honte si quelqu'un s'aperçoit de cela.»

5. La crainte de l'humiliation est en réalité la crainte de perdre l'amour que l'on a pour soi-même. «Si cela s'ébruite, je me détesterai.»

La peur de la mort est à l'origine de toutes les peurs. Pourquoi? Tout au fond de lui-même, l'homme craint instinctivement un jugement ultime. L'homme ne peut croire que les méchants s'en tireront tout simplement en mourant. Par exemple, rien ne répugne plus la dignité humaine que de penser qu'Adolf Hitler a échappé à la justice en tombant dans un sommeil éternel ou dans le néant. Je crois que je n'ai jamais prêché au sujet de l'enfer et pourtant des gens sans éducation religieuse viennent encore me voir en exprimant la crainte de passer par un jugement dernier pour leurs péchés. Tant que l'on n'effacera pas en eux cette notion de culpabilité, ils ne se libéreront jamais de la peur.

La crainte de la mort n'est pas seulement crainte d'être jugé, mais la peur profonde de se voir éventuellement exterminé. Le désir de l'amour de soi exprime un besoin impératif que notre être survive. C'est pourquoi dans la plupart des religions, on croit à une forme ou une autre d'existence après la mort. Les gens qui s'aiment eux-mêmes aiment la vie et ne veulent pas qu'elle s'éteigne. De son côté, celui qui se sent coupable désire ardemment le néant. Le nihilisme, qui croit au néant, est par conséquent une névrose — une philosophie sophistiquée destinée à satisfaire le désir de mort qu'éprouve celui qui ne s'aime pas.

«JE NE CROIS PAS
EN MOI-MÊME,
EN MON PROCHAIN,
EN DIEU»

En fait, vous souffez peut-être de culpabilité qui se dissimule derrière le doute. Celui qui se sent coupable craint un jugement; il cherche donc à discréditer le *juge* d'une manière défensive. Je connais un homme qui était à la fois brillant et snob: c'était un agnostique intellectuel. Il déclarait inconsciemment qu'il n'était pas croyant parce qu'il possédait une intelligence supérieure. Mais lors d'une période de forte tension, il a suivi une cure psychanalytique au cours de laquelle il s'est rappelé une dispute qu'il avait eue avec sa mère quand il était enfant. Il se souvenait avoir fréquenté l'école du dimanche, où on lui avait enseigné: «Dieu vous enverra en enfer si vous haïssez vos parents.» À cet instant, son tendre esprit malléable a rejeté Dieu. Dès lors, son esprit a développé une philosophie d'athéisme savante. Quand il s'est aperçu que son refus de croire provenait d'un sentiment négatif de culpabilité, la crainte d'un Dieu qui juge, il s'est mis à considérer la religion sous un jour tout nouveau. Aujourd'hui, il croit avec conviction en un Dieu rempli d'amour.

Le doute est un mécanisme de défense qu'utilise celui qui se sent coupable pour essayer de purifier sa conscience en éliminant la source du jugement moral. C'est en majeure partie par culpabilité que les gens ne croient pas en Dieu. Bien que nous ne nous en rendions pas trop compte, c'est la culpabilité qui pousse notre époque au laïcisme et à l'abolition de Dieu. Nous cherchons désespérément à échapper au jugement en discréditant tout simplement le juge. Lorsque nous nous laissons envahir par cet objectif, nous perdons de l'amour de soi. Mon mauvais côté, cherchant à échapper au jugement de mon bon côté, tente de discréditer mon bon côté. «Je ne crois pas que je suis une personne merveilleuse.» C'est ainsi que l'amour de soi, blessé et cherchant à se sauver, ne réussit qu'à se détruire. Résultat? «Je ne crois pas en moi-même.»

On ne peut pas aimer sans avoir la foi. Par conséquent, il est évident que

> **Si vous ne croyez pas en vous-même,
> vous ne pourrez pas vous aimer.**

Il devient également évident que celui qui se sent coupable ne fera pas confiance aux autres. Nous avons tendance à rejeter nos défauts sur les autres. Le mari adultère soupçonne sa femme d'infidélité. Si vous désirez découvrir les tentations et les péchés secrets d'une personne, observez de quoi elle accuse les autres. Elle se trahira elle-même! Seuls les coupables soupçonnent. Les innocents sont incapables de redouter leur prochain. C'est pour cela que la foi de l'enfant est si sincère.

«JE ME SENS SEUL»

Analysez-vous — vous découvrirez peut-être que votre solitude n'est en réalité que de la culpabilité déguisée.

Qu'est-ce que la solitude? Quelle différence y a-t-il entre la solitude et la retraite? La solitude est un vide intérieur — la retraite est une plénitude intérieure. On atteint la plénitude intérieure en parlant gaiement, en communiant avec douceur et en partageant de bon coeur avec soi-même, ses amis ou Dieu.

Voyez un peu comme la personne coupable se prive de la plénitude intérieure que procure la communion avec autrui: elle craint de s'exposer à la vie, elle se retire des gens, qui la laissent alors seule dans son isolement et son insécurité. Que lui arrive-t-il alors? Peut-elle jouir d'une précieuse communion avec elle-même? Difficilement. Elle reste seule avec sa mentalité d'autocritique et se met à agoniser de solitude (1) en se rappelant les erreurs qu'elle a commises, (2) en se remémorant ses péchés d'omission et de commission, (3) en imaginant ce que l'avenir lui réserve. Elle s'ennuie très vite et se sent seule.

La personne qui se respecte, au contraire, est très heureuse de pouvoir se retirer pour jouir d'une communion avec elle-même. Elle se rappelle ses réussites, revit ses beaux souvenirs et pense avec optimisme à son avenir prometteur. Qu'en retire-t-elle? La retraite lui permet de renforcer son amour de soi.

> **Pour l'âme qui s'aime, le temps est une retraite.**
> **Pour l'âme qui se condamne, le temps est la solitude.**

Les individus qui se sentent coupables sont incapables de jouir d'une communion enrichissante avec eux-mêmes; ils souffrent donc de solitude. Les gens qui s'aiment eux-mêmes sont capables de jouir d'une communion créative avec eux-mêmes; ils profitent donc de la retraite.

«J'AI SOIF D'AMOUR»

Par conséquent, les gens coupables ont soif d'amour.

Les gens coupables N'AIMENT PAS. La culpabilité est une conscience qui condamne. Comment? Votre bon côté juge votre mauvais côté et condamne votre estime de soi à l'enfer. Ceci ne favorise pas l'amour de soi, car l'amour ne condamne pas, il pardonne.

Les gens coupables N'OSENT PAS aimer. En aimant, vous révélez votre âme. Les gens coupables ne prennent pas ce risque. Celui qui se sent coupable n'ose jamais partager ses sentiments profonds. Il ne craint pas le contact du corps, mais il craint le contact des yeux. Il se rapprochera peut-être des autres physiquement mais émotionnellement il demeurera distant. Résultat? Il se retrouve seul parmi la foule, s'ennuie dans les réceptions, se sent épuisé mais insatisfait dans le lit conjugal.

Les gens coupables NE PEUVENT PAS aimer. Puisque l'amour repose sur la confiance, il ne peut exister d'amour là où il n'y a pas de confiance. Confieriez-vous vos bijoux à un voleur? Comme l'esprit coupable se condamne, il n'a pas assez confiance en lui-même pour aimer. «Je vais probablement gâcher cette relation, comme toutes les autres», pense-t-il. Il craint ses propres réactions et par conséquent il s'attribue trop peu de valeur pour pouvoir aimer ou être aimé.

> **L'homme coupable et assoiffé d'amour croit qu'il ne s'aime pas assez lui-même pour pouvoir aimer; il ne s'accorde pas assez de valeur pour s'aimer lui-même et accepter l'amour.**

«JE LUTTE CONTRE MES SENTIMENTS D'HOSTILITÉ»

Isabelle s'est assise dans mon bureau et m'a déversé ses sentiments d'amertume. «Je suis en colère contre le monde entier.» «Avez-vous déjà fait une chose qui vous a inspiré un sentiment de culpabilité?» lui ai-je demandé. Elle s'est mise à pleurer en m'avouant qu'elle avait été infidèle à son mari. Par culpabilité elle se tenait sur la défensive; elle se sentait prise au piège. Comme je l'ai décrit plus haut, elle est devenue coupable, assoiffée d'amour. Les gens privés d'amour deviennent agressifs. Après avoir avoué et accepté le pardon, elle a senti son hostilité se dissoudre en un renouveau de valeur personnelle.

«JE N'ARRIVE PAS À SURMONTER MA PEINE»

Carole pleurait en prononçant ces mots, deux ans après le décès de son mari. Je me souviens comme elle était active dans la vie communautaire avant le décès de son mari, comme elle semblait grande et forte avant et pendant les funérailles. Je me souviens de ce moment intime, dans la chapelle, quand tous se sont retirés, sauf la veuve et le pasteur. Elle s'était jetée sur le corps froid et gémissait: «Oh, chéri, je regrette tant ces soirées où je t'ai laissé seul — tout ce que je t'ai dit de méchant — je t'en supplie, pardonne-moi», et elle s'est mise à pleurer sans pouvoir se contrôler. Et maintenant, deux ans plus tard, elle se condamnait toujours.

«Ma chère amie, lui ai-je conseillé, vous êtes-vous pardonnée?» «Que voulez-vous dire?» m'a-t-elle demandé. Je lui ai rappelé la confession que je lui avais entendue faire sur le cercueil. «Ai-je dit cela?» s'est-elle écriée. «Votre peine a toujours été accompagnée de culpabilité», lui ai-je laissé entendre, en ajoutant: «Mais vous cultivez délibérément votre peine pour faire taire votre culpabilité. C'est compréhensible, mais inutile. Rien n'est plus destructif que de se flageller soi-même. Cessez de vous condamner et de vous détester. Commencez à vous pardonner et à vous aimer — reprenez vie!» Elle y est arrivée, grâce à la thérapie de la prière. Après avoir éliminé son sentiment de culpabilité, elle est redevenue un membre actif de sa communauté.

COMMENT ÉLIMINER SA CULPABILITÉ ET TRAVERSER ALLÈGREMENT L'EXISTENCE

1. **Souvenez-vous que vous êtes humain.** N'ayez pas honte de vos imperfections. Découvrez votre côté humain. «L'erreur est humaine — le pardon est divin.» Si vous vous sentez coupable, c'est que vous êtes humain, comme tous vos congénères.

2. **Analysez votre culpabilité.** Commencez par vous poser la question suivante: Suis-je vraiment coupable? Peut-être ne l'êtes-vous pas autant que vous le croyez.

Je connais des gens qui traînent toute leur vie un sentiment de culpabilité qu'une autorité reconnue a gravé dans leur esprit. Cette autorité n'a fait que projeter son propre sentiment de culpabilité sur les autres; c'est une réaction émotionnelle très irresponsable et négative. On a pu le constater depuis des années dans le domaine religieux: le pasteur accuse les autres des imperfections qu'il détecte dans sa propre vie.

Élargissez le diagnostique de vos sentiments de culpabilité. *Vous n'êtes peut-être pas aussi méchant que vous le croyez.*

DÉMASQUEZ VOTRE CULPABILITÉ INCONSCIENTE

Vous souffrez peut-être de culpabilité sans vous en apercevoir. L'esprit est très fort en rationalisation et en répression. Nous nous servons de cette puissance lorsque notre mauvaise conscience menace l'amour que nous avons pour nous-mêmes. Comment procédons-nous? En rejetant l'autorité morale qui réveillerait notre conscience du mal. Nous destituons le juge sur son propre banc. Nous nous disons que les dix commandements sont démodés. Nous nous disons que nous sommes blancs comme neige, mais au fond de nous-mêmes nous souffrons d'anxiété, de craintes indéfinies, de tensions mystérieuses ou de recherche frénétique du plaisir. *Vous pouvez chloroformer votre conscience mais vous ne pouvez pas anesthésier votre subconscient.*

CONSULTEZ UN SPÉCIALISTE

Un conseiller professionnel, un pasteur sensible aux problèmes des gens ou un psychiatre qualifié pourra vous aider à découvrir si vraiment votre manque d'amour de vous-même provient d'un sentiment de culpabilité.

L'EXPÉRIENCE DU PARDON

Il ne suffira pas de vous rassurer. Vous devez vivre l'expérience de la rédemption de toute culpabilité. Il vous faut découvrir la paix de l'esprit qui vous envahit après avoir vécu l'expérience du pardon.

LE PARDON EST DIVIN

La nature ne pardonne pas. Si vous vous coupez la main, vous pourrez pleurer et vous repentir tant que vous voudrez, votre main ne se régénérera pas.

La société ne pardonne pas. Elle se souvient. Quand nous passons d'un emploi à un autre, notre nouveau patron consulte notre ex-employeur pour connaître notre caractère et notre efficacité.

Les ordinateurs ne pardonnent pas. Ils enregistrent des faits et les gardent en mémoire.

Les éducateurs ne pardonnent pas. Travaillez mal à l'école et à la fin du semestre, vous pourrez vous repentir à genoux et demander pardon tant que vous voudrez, on ne changera pas vos notes sur votre bulletin.

La religion ne pardonne pas. Elle est plutôt portée à pointer du doigt et à brandir le poing.

Les psychiatres *ne peuvent pardonner*. Un psychiatre disait lors de l'un de mes séminaires: «Seuls les psychiatres peuvent éliminer la culpabilité de la vie des gens, parce qu'ils sont les seuls qui pardonnent vraiment. Les standards de notre éthique exigent que nous ne nous engagions pas moralement, idéologiquement, ni religieusement. Nous ne portons aucun jugement moral; moralement, nous restons neutres. Nous ne sommes pas liés à des standards de jugements; nous ne jugerons pas. Le patient le sait; il ose donc s'ouvrir à nous en toute liberté.»

Ce psychiatre se trompait sur un point primordial: celui qui n'est pas lié par des standards de jugement moraux, spirituels ou idéologiques *ne peut pardonner*. S'il n'est pas engagé, on ne l'a pas offensé.

Seul l'offensé peut pardonner.

COMMENT VIVRE L'EXPÉRIENCE DU PARDON

1. *Révélez-vous* à une personne merveilleuse qui apprécie tout ce qui est beau dans la vie.

2. *Prenez le risque d'être rejeté* et avouez-lui votre culpabilité.

3. *Vivez l'expérience d'être accepté.* Vous serez surpris de constater qu'au lieu de vous juger, elle vous accepte.

4. *Découvrez l'amour véritable.* Vous ressentirez alors l'amour véritable — c'est une expérience des plus rares. La plupart du temps, l'amour que l'on nous porte est une affection calculée, contrefaite. Les gens nous aiment lorsque nous sommes d'accord avec eux; lorsque nous pensons, parlons et agissons comme ils croient que nous devrions le faire; lorsque notre amitié sert leur ambition. L'amour véritable ne pose pas de conditions et ne juge pas.

5. *Commencez à aimer les autres de cette façon.* En étant aimé sans conditions vous vous sentirez si heureux que vous

commencerez à aimer les autres, vous aussi, sans poser de conditions ni juger.

6. *Attendez-vous à ce que les gens vous acceptent.* La plupart du temps nous nous attendons à ce que les gens agissent envers nous de la même façon que nous agissons envers eux. Si vous critiquez, que vous condamnez les gens et que vous ne faites confiance à personne, vous vous attendrez à ce que les gens vous critiquent et vous condamnent, eux aussi. D'un autre côté, si vous aimez votre prochain d'un amour sans conditions, vous croirez que les autres vous aiment de la même façon. Votre culpabilité s'évanouira d'un seul coup! Vous ne craindrez plus d'être exposé, condamné et jugé.

Efforcez-vous de trouver la personne merveilleuse qui vous permettra de vivre et d'apprendre à prodiguer l'amour qui ne juge pas.

VOICI LA PERSONNE QUI VOUS AIDERA

C'est ce renommé Juif de Nazareth: Jésus-Christ. *Il* est venu dans le monde pour prêcher et enseigner une religion appelée Évangile, c'est-à-dire la *bonne nouvelle.* Quelle est la bonne nouvelle? La bonne nouvelle, c'est que nous pouvons obtenir un pardon total et retrouver le plein respect de nous-mêmes.

Le Christ a consacré sa vie et sa mort à démontrer ce qu'est l'amour qui ne juge pas. Même pendant qu'*il* agonisait sur la croix, *il* priait: «Père, pardonne-leur, car ils ne savent ce qu'ils font.» Ce fut un moment dramatique de l'Histoire où le Christ a prouvé que Dieu pouvait pardonner tous les péchés, quels qu'ils soient. Qui pardonne *vraiment*? Pas la société. Ni la nature. Ni l'éducation. Ni la religion. Les psychiatres *en sont incapables.* Le Christ *peut* pardonner, *et **il** le fait.*

112

Pourquoi Dieu veut-*il* nous pardonner? Parce qu'en nous pardonnant, *il* nous aide à nous aimer nous-mêmes. Et ce n'est qu'en nous aimant que nous oserons croire qu'il est possible et vraisemblable que nous devenions les enfants de Dieu, tels que nous étions destinés à l'être.

Votre culpabilité vous pose-t-elle un problème? Une partie de vous-même recherche la miséricorde, désire ardemment le pardon. Une autre partie de vous-même exige que vous payiez la pénalité. Mais c'est inutile. Répétez cette prière et vous gagnerez le pardon que vous désirez si ardemment.

Jésus-Christ, j'accepte que *tu* sois le Sauveur qui me pardonnera. Je ne comprends pas ce que signifie *ta* mort sur la croix. Mais je sais que d'une façon, *tu* as donné *ta* vie *pour moi. Je me souviens du vieux prophète juif qui disait de toi:* «Mais *il* était blessé pour nos péchés, brisé pour nos iniquités; le châtiment qui nous procure la paix est tombé sur *lui*.» Je me souviens qu'un vieux chef indien a dit un jour: «Le feu ne peut brûler à nouveau ce qu'il a déjà brûlé.» En souffrant et en mourant sur la croix, *tu* as accepté d'endosser la responsabilité de mes péchés. *Tu* as accompli la loi qui exigeait que le mal soit puni. Et dans *ta* grande bonté, *tu* as promis de porter le crédit de ce pardon à mon compte. En mourant, *tu* as fait justice et miséricorde. Merci, Jésus-Christ. Amen.

Maintenant, allez en paix et aimez les gens comme Dieu vous aime; et vous commencerez à vous aimer vous-même.

113

VII

Dix petits trucs pour vous remonter le moral

Vous désirez renforcer votre amour de vous-même. Êtes-vous prêt à commencer?

Voici donc dix petits trucs qui sont sûrs de relever le moral et qui transformeront votre vie. Je les ai essayés sur des centaines de personnes et ils ont toujours réussi. Considérons maintenant ces techniques d'un peu plus près et voyons à quel point elles sont efficaces. Si vous savez vous en servir, elles accompliront des merveilles.

1. INSCRIVEZ-VOUS À UNE ASSOCIATION QUI HAUSSERA VOTRE STATUT SOCIAL ET QUI EST BIEN VUE DANS VOTRE COMMUNAUTÉ

ANECDOTE: Pendant des années je ne l'ai connu que timide et prisonnier d'un grave complexe d'infériorité. Jacques manquait de confiance en lui, il était replié sur lui-même, et renfermé. Quelques-uns de ses amis intimes l'ont persuadé de s'inscrire à une association de bienfaisance. Dans cette fraternité, il a enfin découvert sa véritable identité. Il s'est senti totalement accepté par des gens qu'il n'avait toujours admirés que de loin. Pour la première fois de sa vie, il a commencé à oser croire que les gens pouvaient avoir des raisons de l'aimer. Il s'est transformé remarquablement. Aujourd'hui c'est un homme ouvert, enthousiaste et il dirige le comité chargé de récolter de l'argent pour l'oeuvre de charité que l'association parraine!

ANECDOTE: Julie était une femme peu soignée, lente, malhabile et nerveuse. Née dans une famille pauvre, mariée à un simple ouvrier, vivant dans une maison en désordre, elle illustrait à la perfection le genre «Personne-ne-m'aime.» Sa voisine, Jeanne, était membre actif du Garden Grove Community Church - elle était à la tête d'un service qui devait recruter des bénévoles pour nettoyer les chambres. Un jour où elle avait désespérément besoin d'aide, Jeanne téléphona à Julie. «Je vous en prie, pourriez-vous venir m'aider ce soir à l'église?» Julie n'a pas pu refuser. Quatre heures plus tard, elle se retrouvait en compagnie de quatre femmes inconnues, les plus sympathiques qu'elle ait jamais rencontrées de toute sa vie. «Si vous avez de nouveau besoin d'un coup de main, n'hésitez surtout pas à me téléphoner!» leur a-t-elle offert avec enthousiasme en rentrant chez elle.

C'est alors qu'a commencé une histoire merveilleuse. Elle est devenue bénévole régulière. Les leaders du mouvement lui parlaient souvent et la complimentaient très sincèrement pour son travail efficace. Elle a fait une précieuse découverte. Des gens respectables l'appréciaient. Aujourd'hui elle est membre de l'église et rayonne de joie et d'estime de soi de faire partie intégrante d'un groupe de gens merveilleux. Sa maison est maintenant propre et en ordre; elle s'habille et se coiffe simplement mais proprement et avec goût. Les gens disent d'elle: «Julie est une femme merveilleuse!»

CONCLUSION

C'est en nous engageant avec d'autres que nous nous découvrons nous-mêmes. L'amitié est un miroir qui reflète notre identité. Il nous est difficile, sinon impossible, de nous aimer nous-mêmes sans être d'abord acceptés par des gens que nous respectons. *Soyez téméraire.* Efforcez-vous de vous joindre à au moins une organisation ou un club intéressant de votre communauté. *Souvenez-vous:* vous ne retirerez de votre participation que ce que vous y consacrerez.

ATTENTION: Ne commettez pas l'erreur de penser que vous êtes quelqu'un uniquement parce que vous faites partie d'une organisation. C'est l'un des dangers de la participation à un club — votre carte de membre n'atteste pas automatiquement que vous êtes une personne satisfaisante. Si vous devenez snob, votre orgueil gonflera sans raison et vous mettrez votre respect de vous-même en danger.

2. LANCEZ-VOUS DANS UN PROJET CRÉATIF

La créativité quelle qu'elle soit développe la valeur personnelle. Je connais une femme qui fait des tartes chaque fois qu'elle se sent un peu déprimée. Un pasteur de mes collègues s'occupe de son jardin pour se remonter le moral. Une autre femme, maîtresse de maison, polit ses meubles.

ANECDOTE: Georges a abandonné son secondaire; il s'est enrôlé dans l'armée comme simple soldat, où on l'a chargé de nettoyer les latrines. Son respect de soi est tombé plus bas que terre. Son attitude «Je-m'en-moque» a fini par lui attirer des ennuis. On l'a enfermé au cachot durant une semaine pour avoir désobéi à un ordre.

«Que feras-tu en sortant de l'armée?» lui a demandé l'aumônier, quand il est sorti du cachot. «Je ne sais pas, Mon-

sieur.» «Pourquoi ne retournes-tu pas à l'école? Tu pourrais
finir ton secondaire pendant que tu es dans l'armée, puis fréquenter l'université en sortant de l'armée. Ta solde t'aidera à
payer tes études.» «Moi, à l'université? Je ne suis pas assez intelligent», a répondu Georges. «Moi, je crois que tu l'es! Essaie
de suivre un cours et je t'aiderai, a dit l'aumônier. Tu verras si
tu n'es pas plus intelligent que tu le penses. Dieu t'a doté d'un
cerveau plus développé que tu ne le crois.»

Il a essayé. Il a commencé par un cours, puis a continué et
en un temps record il a obtenu son diplôme du secondaire. Il a
été accepté à Hope College, l'université même où j'ai complété
mes études. Il était vraiment fier le jour où il a obtenu son
diplôme. Aujourd'hui il est commandant dans la marine américaine.

CONCLUSION

Un diplôme de secondaire, un certificat d'accomplissement,
un degré académique saura à merveille développer votre
estime de vous-même. Il vous est possible de vous prouver
que vous avez du talent ou que vous êtes intelligent.

ORDONNANCE: Si vous êtes une personne à l'esprit pratique, adressez-vous à des écoles professionnelles, ou alors aux
universités ou écoles secondaires locales. Vous rencontrerez
dans votre classe des gens bien plus âgés que vous. Puis
inscrivez-vous au cours suivant. Commencez lentement. Puis,
progressez et vous découvrirez le talent qui sommeillait en
vous et qui n'attendait que d'être développé.

AVERTISSEMENT: L'accomplissement ne suffira pas à prouver votre valeur personnelle. Nous connaissons tous des
érudits qui sont incroyablement égoïstes. Leur succès académique leur est monté à la tête. Ils méprisent leurs collègues
d'instituts moins réputés que le leur. Ils traitent ceux qui n'ont

pas fait d'études poussées de *petites gens*. Et nous en connaissons d'autres — des routiers ou des ouvriers — qui sont les gens les plus sympathiques au monde et qui ont une volonté de fer. *Souvenez-vous d'une chose:* En fin de compte, la grandeur dépend plus d'un caractère équilibré que de hauts accomplissements professionnels.

SUGGESTION: Celui qui expose ses diplômes pour impressionner les autres en a encore beaucoup à apprendre.

3. ACHETEZ-VOUS DE NOUVEAUX VÊTEMENTS

N'avez-vous pas l'impression d'être une personne différente quand vous portez de nouveaux vêtements? Il y a quelque temps, ma femme a acheté une robe pour une dame âgée, membre de ma confession, qui ne pouvait plus sortir. Quand la femme a essayé la robe, WOW! Quelle transformation! Elle se sentait à nouveau toute jeune et jolie.

Un jeune qui avait abandonné ses études, barbe touffue et cheveux longs, vêtu de haillons, s'est vu offrir un emploi de vendeur d'automobiles, à condition qu'il se fasse couper les cheveux, qu'il se rase et s'habille en pantalons, chemise blanche, cravate et veston sport. Il a accepté; après tout, il avait grand besoin d'argent.

«On n'a jamais vu quelqu'un changer comme ça», nous a raconté sa mère une semaine plus tard. «Il parle, marche et agit comme un beau jeune prince.»

Avec ses pantalons de jeu, ma plus jeune est une vraie terreur à la maison. Mettez-lui sa belle robe de dentelle pour aller à l'école du dimanche, et vous la verrez marcher élégamment sur la pointe des pieds dans toute la maison.

La première fois que j'ai visité une jeune patiente à l'hôpital, elle était déprimée. La seconde fois, elle était en pleine forme.

On venait de la coiffer, elle portait une élégante robe de chambre toute neuve et la manucure venait de lui faire les ongles. Son moral en a été transformé.

Le grand metteur en scène Florenz Ziegfeld a un jour ordonné que ses danseuses portent des colliers de diamants d'une valeur de $250 000. «C'est ridicule, disait un collègue. Achetez de fausses perles, personne ne s'en apercevra.» Ziegfeld lui a rétorqué brusquement: «Les filles, elles, s'en apercevront!»

Dans *L'avocat du diable,* Morris West décrit un personnage qui relevait chaque jour son estime de soi en s'achetant tout simplement une rose fraîche et en la piquant à sa boutonnière. Il se mettait tout de suite à marcher plus fièrement.

L'autre jour, j'ai emprunté la Cadillac d'un de mes amis. En longeant une rue bordée de vitrines brillantes, je me suis vu dans cette belle voiture reflétée par les vitrines. J'ai vraiment été impressionné. Je me suis regardé et je me sentais comme une grosse légume!

CONCLUSION

Ces exemples illustrent-ils la façon de développer sa valeur personnelle? Oui et non. Oui: si de nouveaux vêtements, une voiture luxueuse ou une coiffure élaborée renouvellent assez votre image de vous-même pour que vous deveniez meilleur. Oui: s'ils font trêve à la haine que vous vous inspirez. Mais attention! Ce ne sont que des apparences extérieures qui vous rendront meilleur acteur et non meilleure personne. *Avertissement:* Si vous vous en servez avant tout pour impressionner les autres, les vêtements, la voiture et les cosmétiques feront plus de mal que de bien à votre respect de vous-même. Et si vous avez artistiquement utilisé ces artifices pour masquer votre *vrai* personnage assez longtemps pour attirer quelqu'un, alors vous êtes sur une pente glissante. Vous risquez d'être envahi par de nouvelles anxiétés: la crainte d'être exposé, la peur que votre véritable identité apparaisse au grand jour. Vous commencerez peut-être même à vous détester d'agir comme un acteur sans valeur.

CONCLUSION: Offrez-vous un cadeau. Achetez-vous quelque chose de nouveau et de joli. Soyez heureux. Mais n'oubliez pas; les fleurs se fanent rapidement, les coiffures ne durent pas longtemps, les vêtements se froissent vite et les voitures neuves se démodent aussi.

Prenez la résolution: de trouver une base plus solide à votre amour de vous-même.

4. CHOISISSEZ UN DÉFI ET RELEVEZ-LE

Voyez si vous avez de l'envergure. Prouvez-vous que vous êtes bourré de qualités. De nombreux hommes qui souffraient d'un complexe d'infériorité ont accompli de grandes choses lorsqu'il s'est agi de prouver au monde qui ils étaient. L'humain est donc capable d'un nombre incroyable d'accomplissements. Il peut devenir un médecin renommé, un ingénieur de première classe, un excellent missionnaire ou un politicien talentueux. Une foule de gens profitent de ses réalisations. Il connaît alors toute la valeur dont il était doté. Il passe ainsi sa vie d'une conquête à l'autre, d'un obstacle à l'autre, d'un défi à l'autre en se prouvant à chaque occasion qu'il a de la valeur.

LES AMPUTÉS DE GUERRE SKIENT SUR LE CHEMIN DE LA CONFIANCE: c'est un beau titre qui a paru dans le journal d'aujourd'hui. Voici l'histoire:

> «Lorsqu'un homme perd une jambe au combat, ce n'est pas en jouant aux cartes, en regardant la télévision ni en

fréquentant de grands banquets qu'il se réhabilitera», dit James E. Johnson, directeur du California Veterans Affairs Department.

Voici ce qu'il suggère: «Forcez-le à utiliser son autre jambe, ainsi que sa jambe artificielle aussitôt qu'elle est bien ajustée.»

Johnson prescrit un traitement spécifique: une excursion en skis sur des pistes que «peu de gens encore dotés de leurs deux jambes n'oseraient parcourir.»

Juste avant Noël, Johnson a organisé une excursion de ce genre pour dix-sept vétérans, amputés de la guerre du Vietnam.

Ils venaient de se faire poser des jambes artificielles au Letterman General Hospital de San Francisco et de faire leurs premiers pas chancelants en suivant un programme de réhabilitation.

On a conduit les hommes en autobus à Beacon Hill Lodge, Soda Springs, entre Sacramento et Lake Tahoe, pour une fin de semaine de ski.

Là, ils ont été accueillis par des membres du National Amputee Skiers Association: Bill Rablin, président; Wilbur Earheart, également membre du National Ski Patrol; Jim Graham et Dan McPherson.

Amputés eux aussi, ils ont vite su enseigner à chaque vétéran comment se servir de son seul et meilleur pied en premier pour apprendre à se maintenir en équilibre, glisser, tourner et tomber à skis.

Et ils sont tombés, ça oui!

Mais avant la fin de la journée, les vétérans avaient vaincu les pentes les plus douces.

Ce soir-là ils sont allés se reposer au chalet et ils se sont attaqués aux pentes plus abruptes le lendemain.

Ils ont affronté ces pentes escarpées avec autant de courage qu'ils avaient fait face aux balles des Viêt-congs, aux mines et aux pièges qui avaient pris les jambes des vétérans quelques mois plus tôt.

Deux médecins du Letterman Hospital surveillaient les vétérans passer de trébucheurs à assez bons skieurs. Il s'agissait des majors Pat Carolan et Boris Stojic. L'amputé Pat Carolan a déclaré: «Le ski est la meilleure façon de rendre à l'homme sa confiance et de lui prouver à quel point il est mobile.»

CONCLUSION

ORDONNANCE: Lancez-vous dans une entreprise dont vous avez toujours rêvé mais que vous aviez toujours pensé être incapable d'accomplir.

ATTENTION: Ne vous blâmez pas si vous échouez. Donnez-vous une petite tape de consolation pour avoir eu le courage d'essayer. *Rappelez-vous:* Vous pouvez accomplir de grands exploits tout en échouant dans le domaine de la personnalité. D'un autre côté, vous pouvez rater tout ce que vous entreprenez et être une personne extraordinaire. Et c'est ce qui importe le plus!

AVERTISSEMENT: Assurez-vous que les défis que vous choisissez sont créatifs et qu'ils vous développent. Nous connaissons tous des gens désespérés qui deviennent des *playboys* ou des femmes faciles et qui se détruisent en essayant de développer leur amour de soi en jouant au défi et à la conquête.

5. SACHEZ RECEVOIR

C'est l'un des problèmes que doit affronter celui qui ne s'aime pas lui-même. Il ne sait pas recevoir. Nous avons appris qu'*il y a plus de bonheur à donner qu'à recevoir*. Mais il y a aussi une bénédiction à recevoir. Nous développons notre estime personnelle en sachant accepter les suggestions, les critiques constructives et les compliments sincères.

Vous commencerez à vous aimer vous-même en constatant votre amélioration. Comment voulez-vous vous améliorer si vous vous défendez constamment et instinctivement des critiques constructives, que vous refusez de voir la sagesse des suggestions que vous fait un ami et, parfois un ennemi? Accueillez, écoutez, évaluez et servez-vous des aspects positifs des critiques et des suggestions.

Apprenez à accepter les compliments. Nous en avons tous besoin. Qui n'a pas besoin d'être rassuré périodiquement? En rejetant sans modestie (et sans honnêteté) les louanges sincères que l'on vous adresse, vous ferez preuve de malhonnêteté envers vous-même et vous vous déshonorerez. Je connais un homme qui est très doué, mais qui l'ignore et ne veut pas le reconnaître. Il est donc timide, fatigué et tendu. Cependant, c'est un homme bon, gentil et créatif. C'est bizarre, mais il ne se voit pas tel qu'il est vraiment.

Il repousse toujours les compliments. «Oh, non, ce n'est rien — je n'en fais pas tant que ça.» C'est sa réaction typique à tout compliment bien mérité. «Tu es un piètre menteur» lui ai-je finalement dit un jour. «Il serait vraiment temps que tu commences à être franc. La prochaine fois que je te fais un compliment, je veux que tu dises la vérité. Avoue humblement, mais honnêtement, que tu as fait un grand effort et que, grâce à beaucoup d'autres gens, tu es content d'avoir accompli du bon travail. Tu ne peux donner ce que tu es incapable d'accepter. Accepte les compliments et tu commenceras à en faire toi aussi. Comme ça, tu commenceras à vraiment profiter de ta propre estime.»

CONCLUSION

CONSEIL: Acceptez les compliments; ils peuvent vous aider. Mais ne les recherchez pas. Que la seule joie de rendre service soit votre récompense.

AVERTISSEMENT: Complimentez les autres honnêtement; ne le faites jamais en n'étant pas sincère, car vous risqueriez de vous détester d'être si hypocrite. De plus, cette flatterie ne pourra faire que du mal à celui qui la reçoit. Vous l'encouragerez à rechercher les compliments endormants et à se replier sur lui-même quand il ne les recevra pas.

RAPPEL: Si vous savez que vous méritez des louanges sincères, vous n'irez pas mendier des compliments forcés.

6. RENCONTREZ DES GENS IMPORTANTS

En gagnant l'amitié d'une personne importante, vous développerez énormément votre respect de vous-même. Y a-t-il quelqu'un que vous admirez tout spécialement? Dites-le-lui. Rencontrez-le personnellement. Écrivez-lui. Téléphonez-lui. Vous serez surpris de constater comme il est facile à approcher.

CONCLUSION

Faites-le sans crainte d'être rejeté.

AVERTISSEMENT: Ne commencez pas à proclamer son nom sous tous les prétextes. N'essayez pas de *vous servir* de cette personne. Elle vous laissera tomber si elle constate que vous cherchez seulement à *vous servir de vos relations.* Imaginez ce qui arrivera à votre estime de vous-même si cette personne vous laisse tomber froidement.

RAPPEL: La personne la plus importante que vous puissiez connaître personnellement et avec qui vous puissiez vous lier d'amitié, c'est Jésus-Christ. *Lui* saura reconnaître toutes vos qualités. Bien entendu, avec *lui* vous communiquez par la prière.

7. GRIMPEZ LES ÉCHELONS

Efforcez-vous d'atteindre une position plus élevée dans la vie. Et pourquoi pas? Vous prouverez que vous avez bien plus d'envergure que vous ne le pensiez. Quand vous êtes promu dans votre travail, votre respect de vous-même s'élève lui aussi. En travaillant honnêtement et en vous consacrant sincèrement à votre travail, vous avez la possibilité de vous élever sur l'échelle sociale et économique.

CONCLUSION

Lancez-vous! Fixez-vous des objectifs plus élevés.

AVERTISSEMENT: Il vous faudra plus que votre vie professionnelle pour que votre amour de vous-même survive. Un jour, vous devrez prendre votre retraite. Si toute l'estime que vous avez pour vous-même repose avant tout et uniquement sur votre vie professionnelle, comment vous sentirez-vous quand un jeune commencera à grimper les échelons à vos côtés? Vous risquez vraiment d'éprouver des problèmes à ce moment-là.

Si pour progresser vous devez user de stratégies, de manigances et de politique, vous ne prouverez rien aux autres ni à vous-même. Vous démontrerez tout simplement que vous êtes un habile manipulateur, un politicien rusé, un opérateur astucieux et un être méprisable.

Le président Woodrow Wilson raconte que le lendemain de la démission de son Secrétaire du Travail, une de ses femmes de chambre est venue le voir. «Monsieur Wilson, lui a-t-elle dit, mon mari est ouvrier. Il sait ce qu'est le travail. Il comprend les travailleurs. Je voudrais vous demander de réfléchir à la possibilité de le nommer Secrétaire du Travail.» Monsieur Wilson lui a alors répondu: «Eh bien! rappelez-vous que la fonction de Secrétaire du Travail est un poste important pour lequel nous avons besoin d'un homme éminent.» La femme de chambre a rétorqué: «Mais si vous nommiez mon mari Secrétaire du Travail, il *deviendrait* un homme éminent!»

RAPPEL: Ce n'est pas le poste qui fait l'homme: c'est l'homme qui fait le poste.

8. RELEVEZ LA TÊTE BIEN HAUT

Tout le monde sait que l'esprit contrôle le corps. Si vous vous croyez inférieur, vous aurez les épaules tombantes. Si vous pensez être une personne de valeur, vous vous tiendrez bien droit. Il est aussi vrai que le corps peut influencer l'esprit. Relevez la tête aussi haut que possible quand vous marchez. De cette façon, vous aurez beaucoup plus confiance en vous-même.

Un jour j'ai dû conseiller un homme, que nous appellerons Paul; il ne se sentait respectable qu'après avoir bu quelques consommations. «Rien ne me donne plus confiance en moi que de prendre un petit verre», m'a-t-il confié.

Le moment du petit verre après le travail est très populaire, car il permet aux gens de s'élever de façon narcotique en oubliant une partie des événements frustrants de la journée. Malheureusement, l'euphorie de l'alcool disparaît aussi vite qu'elle nous est venue.

«Vous risquez dangeureusement de devenir alcoolique, ai-je dit à Paul. Quand vous consommez de l'alcool pour satisfaire à des besoins moraux, alors... attention! La prochaine fois que vous serez tenté de prendre un verre, lui ai-je conseillé, respirez profondément, relevez la tête aussi haut que possible. Sentez comme vous êtes précieux. Revalorisez-vous. Redressez les épaules. Relevez la tête aussi haut que possible.» Ça n'a pas été facile, mais ça a réussi; Paul a cessé d'utiliser l'alcool comme une béquille émotionnelle.

CONCLUSION

Le bien-être physique contribuera énormément au bien-être spirituel. Votre condition physique peut influencer vos réactions émotionnelles. Développez votre estime de vous-même en améliorant votre apparence physique. Êtes-vous un peu trop gras? Suivez un régime et faites de l'exercice pour affiner votre silhouette. Vous en retirerez de grands avantages. La fierté de votre silhouette mince vous satisfera beaucoup plus que le bref plaisir que vous procureront les aliments trop gras.

LIMITES: Une belle silhouette ne vous assure pas automatiquement une forte personnalité. On développe beaucoup plus d'estime de soi véritable par la satisfaction émotionnelle que par l'attrait physique.

AVERTISSEMENT: Attention au culte du corps — vous en retirerez plus de narcissisme que d'estime de soi véritable.

9. SOYEZ UN NON-CONFORMISTE CRÉATIF

Ne vous conformez pas au monde, mais soyez transformés par le renouvellement de l'intelligence (Rom. 12:1). Voilà un très sage conseil. Nous sommes naturellement portés à nous conformer pour réussir à mieux nous accepter nous-mêmes.

Nous pensons, bien à tort d'ailleurs, qu'en étant acceptés socialement, nous nous accepterons nous-mêmes. Craignant d'être rejetés par ceux qui nous entourent, nous avons tendance à nous conformer à la société en espérant ainsi devenir populaires. Les gens populaires se dégagent de la foule. Ce sont des leaders distincts qui inspirent les autres. Le conformiste se perd souvent dans la masse. Il ne profite jamais de la fierté qui envahit ceux qui osent se montrer différents. Le conformiste ne découvre jamais son individualité; il reste toujours membre d'un groupe. Si vous osez vous distinguer des autres, vous découvrez que vous êtes unique. Quand vous vous conformez et que vous ne restez qu'une minime partie d'un tout, vous avez plutôt l'impression d'être un objet. En vous conformant, vous développez un *complexe d'impersonnalité.* En inspirant le non-conformisme, vous devenez conscient de votre personnalité.

Ce qui ne signifie pas que nous devons devenir des anti-conformistes révolutionnaires, antisociaux et révoltés. Les réactions négatives à l'extrême ne sauront que stimuler des émotions négatives: la colère, la haine, le cynisme. Vous ne pourrez pas vous aimer si vous êtes rempli d'émotions négatives.

Le non-conformisme *négatif* qui s'exprime par la rébellion et par les critiques destructrices détruit le respect de soi-même. Le non-conformisme devrait être positif, créatif, constructif et inspirateur. Le non-conformisme *positif*, résultant en créativité et en respect des autres, engendre l'estime de soi.

Prenons par exemple le cas de Mireille. «Le jour où j'ai commencé à travailler dans une fabrique il y a quelques années, j'ai tout fait à l'envers. D'abord, on m'a donné un uniforme composé d'une chemise et d'une paire de pantalons. Aussi étrange que cela puisse vous paraître, je n'avais jamais porté de pantalons de ma vie. Alors, je ne savais pas si je devais porter la chemise sur les pantalons, ou dedans. J'ai décidé de la mettre par-dessus.

«Dès que j'ai commencé à suivre un homme appelé Daniel jusqu'à ma table de travail, je me suis aperçue que j'avais pris la mauvaise décision. Toutes les autres femmes paraissaient très ordonnées avec leurs chemises proprement serrées dans les pantalons et de jolis mouchoirs dépassait de la poche de la chemise. J'entendais des ricanements derrière moi pendant que je passais, les pans de ma chemise flottant au vent.

«Nous sommes enfin arrivés à une longue table à laquelle travaillaient vingt hommes et femmes. On m'a donné un instrument appelé fusil à air. *Regarde-le bien et habitue-toi à le tenir,* m'a dit Daniel.

«Quand Daniel l'a branché, le fusil s'est mis à tressauter comme un cheval sauvage et j'ai hurlé. À la table, certains avaient l'air de s'amuser à mes dépens, d'autres semblaient tout simplement méprisants. Daniel m'a calmée, puis m'a donné un vieil engrenage pour que je puisse m'exercer. *Avec le temps tu apprendras à travailler au même rythme que les autres,* m'a-t-il souligné.

«Je ne l'ai pas vraiment cru et j'étais tentée de tout laisser tomber. Comme je venais de perdre mon mari et mon père je me sentais très seule et je n'avais aucune confiance en moi-même. De plus, j'avais toujours été très protégée, alors j'étais assez naïve.

«Au bout de quelques semaines de travail acharné, j'ai réussi à produire au même rythme que les autres. J'ai recommencé à prendre confiance en moi.

«Mais je faisais face à un nouveau problème. Je me rendais compte que le *clan* du service ne m'acceptait pas. Ils ne se montraient ni durs, ni hostiles; juste, euh... indifférents. J'ai essayé de me joindre aux commérages des femmes à la salle de bains, mais je ne disais jamais ce qu'il fallait.

«Un soir, Serge, qui travaillait juste en face de moi, s'est avancé vers moi et m'a remis une longue feuille de papier avec une extrémité repliée. *C'est une lettre de groupe pour Yves,* m'a-t-il expliqué. Yves avait été enrôlé dans l'armée le mois précédent.

«Ne connaissant pas Yves, j'ai voulu passer la lettre à la jeune fille qui était à côté de moi. Mais Serge a refusé. *Tu peux écrire quelque chose. Regarde ce qui a déjà été écrit, ça te donnera des idées,* insistait-il. J'ai alors remarqué que toutes les notes étaient du style *Quand on boira un coup avec la gang, je boirai un verre à ta santé.* Comme je ne bois pas, je ne savais pas quoi dire.

«Depuis ma plus tendre enfance ma mère m'a appris à prier pour chaque situation dans laquelle je me trouvais. Elle priait même pour le gâteau qu'elle mettait au four. Alors j'ai baissé la tête et quelques vers me sont venus à l'esprit. J'ai pris mon crayon et voici ce que j'ai écrit à ce Yves que je ne connaissais pas:

> Moi aussi, je boirai pour toi,
> Dans une église, près d'une table
> Devant laquelle un groupe s'est agenouillé pour prier.
> Et dans la coupe
> Étincellera un breuvage bien particulier.

Ce sera à l'heure de la communion
Et nous consommerons le vin précieux.
En buvant nous prierons
Que Dieu vous protège du danger,
Toi et tes compagnons.
Alors souviens-toi que nous pensons à toi
Pendant que tu combats sur un champ de bataille à l'étranger.

«J'ai replié la feuille et je l'ai passée à la jeune fille près de moi. Puis tout à coup, je me suis souvenue que tous ceux qui allaient suivre liraient ce que j'avais écrit. Là, je me suis vraiment coupée de tout le monde, ai-je pensée. J'étais tellement déprimée que j'étais convaincue que je ne voulais plus travailler à cet endroit.

«Le lendemain, je travaillais quand j'ai vu Daniel se diriger vers moi. Le voilà, me suis-je dit. Il va me congédier! Daniel s'est arrêté derrière moi et m'a ordonné: *Mireille, veux-tu arrêter ton fusil, s'il te plaît?*

«Je me suis retournée face à lui et ses yeux étaient doux. *Mireille, m'a-t-il dit, nous avons tous lu ce que tu as écrit à Yves et nous voudrions que tu saches que nous sommes fiers de t'avoir dans notre usine.*

«Pendant tout le reste de la journée je suis restée comme hébétée. Ils semblaient tous si gentils. *Mireille, voudrais-tu écrire quelques lignes pour mon fiancé qui combat outre-mer? ...Mireille, pourrais-tu composer un poème pour mes parents qui fêtent leur trentième anniversaire de mariage?*

«J'ai vécu cette expérience il y a plusieurs années, mais je n'oublierai jamais la vérité qu'elle m'a révélée. On ne se gagne pas l'acceptation et l'estime des autres en compromettant ses principes, mais en restant fidèle à Dieu et à soi-même.»

CONCLUSION

En vous sentant respecté par vos associés, vous développerez votre estime de vous-même. Tant que vous demeurerez fidèle à vos convictions, vous vous respecterez, même si votre communauté vous rejette. Agissez en non-conformiste constructif, aimable et créatif et l'hostilité se transformera en admiration.

AVERTISSEMENT: Ne tombez pas dans le piège: ne devenez pas négatif, critique, entêté, ou porté à condamner et à juger, car vous deviendrez un trouble-fête juste et saint à l'excès.

10. EXPRIMEZ-VOUS OU VOUS EXPLOSEREZ!

ANECDOTE: En apparence, Pierre semblait aimable et agréable. Mais au fond de lui-même, son ulcère d'estomac saignait. En le connaissant mieux, j'ai remarqué que Pierre était rongé par la colère et la frustration. Il avait renfermé ces sentiments au point qu'ils avaient tourné en blessures purulentes. Évidemment, il cherchait à s'aimer lui-même en gagnant le respect des autres et en évitant tout conflit. C'est très bien; mais il s'y prenait de la façon la plus destructive! Nous l'avons aidé à comprendre cette vérité fondamentale: en renfermant nos sentiments d'agressivité, nous n'évitons pas le conflit, nous ne faisons que transférer le champ de bataille dans le ring solitaire de notre esprit.

Un jour, j'ai reçu une contravention pour avoir traversé une zone de 55 kilomètres à l'heure à 70 kilomètres. Je me sens mal à l'aise maintenant en songeant à quel point cet événement m'a énervé. Par respect pour l'écusson et pour l'autorité de la loi, je me suis retenu de parler. Mais en continuant ma route en possession de la contravention insultante, je me suis retrouvé luttant contre le policier dans le ring de mon esprit.

«Vous êtes très injuste!» ai-je lancé à l'officier assis sur sa motocyclette dans le coin droit de mon cerveau. «Vous ne voyez pas que je n'ai roulé qu'un quart de kilomètre sur cette section de la route et qu'il n'y a aucun panneau de limite de vitesse sur cette section de la grand-route? Comment aurais-je pu savoir que sur cette section la limite était de 55 kilomètres à l'heure et non 70 kilomètres à l'heure?» J'ai aperçu le reflet de son regard dans le miroir obsédant de ma mémoire. Je lui ai envoyé un solide coup de poing imaginaire.

Au bout de dix minutes de ce petit jeu, je me suis rendu compte que j'essayais de reconstruire mon estime de moi-même en me bagarrant mentalement. Comme c'était ridicule! Je manquais la vue merveilleuse des montagnes sur ma droite et de la vallée d'orangers sur ma gauche. Je m'étais perdu dans mon petit monde de conflit frustrant; manière inutile et absolument vaine de sauver mon amour de moi-même en plein naufrage. J'ai essayé d'oublier l'événement, mais je n'y réussissais pas. Je devais m'exprimer ou exploser.

Comment règle-t-on une situation semblable? Exprimez-vous d'une façon positive, et non négative, pour régler les conflits. Je suis retourné devant l'officier de police dans mon esprit et lui ai dit: «Je sais que vous accomplissez une tâche bien ingrate. Vous devez faire respecter les limites de vitesse. Il est bien évident que vous ne pouvez pas placer un signal de vitesse tous les quarts de kilomètre sur la grand-route. En réalité, vous essayiez de me protéger d'un accident ou d'une blessure. J'avais tort. Vous aviez raison. Tant pis, je paierai la contravention. Elle servira peut-être de don à la bibliothèque locale, ou peut-être que le système scolaire en bénéficiera.» En pensant de cette façon, j'ai remarqué que je reconstruisais mon estime de moi-même!

CONCLUSION

Les conflits son inévitables, mais ils sont une cause primordiale de haine personnelle. Si vous les affrontez négativement, vous exploserez diaboliquement. Vous y gagnerez peut-être un soulagement temporaire, mais à la longue vous finirez par vous détester si vous agissez ainsi régulièrement. Mais il peut être tout aussi néfaste de se taire.

En réprimant, en ignorant et en rejetant ses émotions de conflit, on détruit toute notion de soi-même. Dans le cadre du mariage, l'homme en perd toute sa personnalité, il perd toute virilité émotionnelle. Il devient un mari soumis, mené par sa femme. Lorsque l'épouse refrène ses sentiments elle ne développe jamais la confiance en elle-même que l'on se construit en s'exprimant. Elle en devient une femme entièrement dépendante et incapable d'affronter la vie par elle-même lorsque par malheur elle perd son mari.

SOLUTION: Considérez les conflits comme des chances. Ils vous donnent l'occasion de montrer votre grandeur d'âme. Exprimez-vous. Il est bon pour vous d'expliquer franchement et amicalement ce qui vous tracasse. Puis pensez aux côtés positifs de la situation, parlez-en et développez-les. Vous ressentirez de l'amour pour vous-même en constatant que vous avez assez de sagesse et de grandeur d'âme pour considérer les deux points de vue d'un conflit.

Revoyez les dix petits trucs pour vous remonter le moral. Lisez la liste qui suit et choisissez ceux qui vous aideront le plus.

1. Inscrivez-vous à une association qui haussera votre statut social et qui est bien vue dans votre communauté.
2. Lancez-vous dans un projet créatif.

3. Achetez-vous de nouveaux vêtements.

4. Choisissez un défi et relevez-le.

5. Sachez recevoir.

6. Rencontrez des gens importants.

7. Grimpez les échelons.

8. Relevez la tête bien haut.

9. Soyez un non-conformiste créatif.

10. Exprimez-vous ou vous exploserez!

RÉSUMÉ

Quand vous vous serez remonté le moral, vous serez sur le point d'atteindre une estime personnelle saine. Maintenant continuez et découvrez dix trucs utiles pour développer un amour de soi solide.

VIII

Dix façons pour développer un amour de soi solide

En suivant les dix suggestions exposées dans le chapitre précédent vous pourrez — et vous devriez — développer votre estime personnelle de façon adéquate. Pour vraiment arriver à s'aimer soi-même, il faut cependant se découvrir soi-même, se discipliner, se développer et se consacrer à soi-même. Alors vous deviendrez vraiment un être extraordinaire. Voici donc dix étapes bien concrètes qui vous aideront à devenir la personne que vous désirez être, la personne que vous devriez être.

1. DÉBARRASSEZ-VOUS DE VOTRE PEUR D'ÉCHOUER

C'est la toute première règle à suivre pour développer un solide amour de soi. Analysons une fois de plus pourquoi nous ne nous aimons pas nous-mêmes.

1. Nous ne nous aimons pas parce que nous ne nous connaissons pas. *Vous ne pouvez aimer quelqu'un que vous ne connaissez pas.* Nous ne savons pas percevoir les talents remarquables qui sommeillent en nous.

2. Nous ne nous aimons pas parce que nous avons peur de découvrir notre véritable identité.

3. Nous avons peur de nous voir tels que nous sommes et de nous analyser avec honnêteté parce que nous craignons de découvrir que nous sommes des ratés et nous redoutons l'échec!

Pourquoi craignons-nous l'échec? Nous sommes sûrs, et cette pensée nous effraie, que nos amis nous oublieront si nous échouons. Nous craignons alors de perdre tout le respect que nous avons pour nous-mêmes. En essayant de protéger notre amour-propre des blessures que cause l'humiliation, nous nous laissons enchaîner par la crainte de l'échec. Nous permettons délibérément à notre crainte de l'échec de nous empêcher de nous lancer dans une entreprise qui pourrait éventuellement s'avérer humiliante. *La crainte de l'échec est donc un mécanisme d'autodéfense que nous créons pour protéger notre amour de nous-mêmes chancelant d'un embarras éventuel.*

Il est à peu près certain que tant que vous ne vous débarrasserez pas de votre crainte morbide de l'échec, vous ne pourrez pas vous aimer vous-même.

SEPT FAÇONS DE VOUS DÉBARRASSER DE VOTRE CRAINTE DE L'ÉCHEC

1. Rendez-vous à l'évidence que vous ne craignez pas vraiment l'échec; vous devez comprendre qu'en réalité, vous craignez de perdre l'estime que vous avez pour vous-même. Voici comment nous réfléchissons généralement:

Si j'échoue, ceux que j'aime me rejetteront.
Si je perds mes amis, je me sentirai humilié et honteux.
Si je me sens honteux, je me détesterai.

Il me faut donc protéger mon amour-propre en me soumettant à la crainte de l'échec.

2. Vous devez vous rendre compte que cette crainte de l'échec étouffe votre amour-propre au lieu de le protéger. Mais vous ne pourrez pas vous aimer si vous êtes dominé par la crainte de l'échec. Vous aurez plutôt tendance à vous montrer jaloux, hypocrite, perfectionniste, égoïste, agressif ou rancunier. Quand vous serez imbu de ces émotions négatives, alors vous vous détesterez vraiment.

3. SACHEZ que la lâcheté est plus honteuse que l'échec. Ce n'est pas un péché d'échouer à l'occasion. Mais il est vraiment déshonorant, face à soi-même, de se laisser aller à la crainte et de ne même pas tenter de réussir. Ma crainte de l'échec s'est évanouie lorsque j'ai lu la phrase suivante: *Je préfère tenter d'entreprendre un projet grandiose et échouer, qu'essayer de ne rien entreprendre et y réussir.*

4. Dites-vous que les gens bien n'abandonnent jamais un perdant courageux, honnête et entreprenant. Ils vous comprendront, vous consoleront et vous donneront la force de repartir à neuf. Ils ne vous abandonneront que si vous abandonnez vous-même.

5. Mémorisez cette leçon importante: les gens vous acceptent ou vous rejettent non pas pour ce que vous *faites*, mais pour ce que vous êtes. Nous connaissons tous des gens qui, en pleine réussite, se voient rejetés à cause de leur personnalité mesquine, acariâtre ou hypocrite, alors que d'autres, arrivés moins haut, sont entourés de gens qui les aiment.

6. Débarrassez-vous de votre perfectionnisme. Soyez réaliste: personne n'est parfait! Aucun être évolué ne s'attend vraiment à rencontrer une personne parfaite. Les gens ne vous rejetteront pas (et vous ne vous rejetterez pas vous-même) lorsque

vous admettrez votre imperfection. Les gens vous repousseront et vous vous repousserez vous-même, seulement si vous continuez à vivre dans le mensonge en prétendant être parfait.

7. Rappelez-vous: si vous échouez vraiment une fois, reconnaissez-le et repartez à zéro. Tout le monde aime les gens honnêtes et sincèrement repentants. De tous les hommes renommés cités dans la Sainte Bible, un seul est appelé *homme selon le coeur de Dieu*. C'était David. Et pourtant il a commis les péchés de meurtre et d'adultère. Mais il a su se repentir de ses péchés ouvertement, honnêtement et sincèrement. Il a écrit ces lignes révélatrices dans le Psaume 51: *Pitié pour moi, ô Dieu, en ta bonté, en ta grande tendresse, efface mon péché.* Les gens bien n'abandonnent jamais un homme qui admet qu'il a échoué et qui désire repartir à neuf. Au contraire, ses vrais amis se tiendront à ses côtés et l'aideront à recommencer à zéro.

2. DÉCOUVREZ UN ÊTRE UNIQUE: VOUS

Dès que vous aurez vaincu votre crainte de l'échec, vous aurez le courage de découvrir un individu remarquablement différent des autres: il s'agit de **VOUS**. Comment faire pour vous découvrir? Ce livre nous a déjà offert quelques réponses. Résumons-les donc:

(1) Dans l'aventure. Vous y découvrirez le potentiel qui sommeille en vous.

(2) Dans la liberté de vivre par vous-même. Que vous réussissiez ou non, vous découvrirez au moins votre pleine valeur.

(3) En appartenant à une famille ou à un groupe.

(4) Dans l'amitié. En partageant vos craintes et vos espoirs profonds avec des gens en qui vous avez confiance.

(5) En vous engageant. En vous consacrant activement à des causes auxquelles vous croyez profondément.

(6) En créant. Qu'il s'agisse d'un livre, d'une chanson, d'une tarte, d'un jardin ou d'un tableau.

(7) En étant responsable. Évitez la responsabilité, et vous ne découvrirez jamais de quoi vous êtes capable.

(8) En vous disciplinant. Là, vous découvrirez toute la puissance qui se cache au fond de vous.

SOYEZ VOUS-MÊME ET DÉCOUVREZ-VOUS

Philippe a cinquante-six ans. Toute sa vie, il s'est détesté; quelquefois profondément, d'autres fois moins. Pourquoi? Voici ce qu'il m'a raconté quand il est venu à mon bureau. «Toute ma vie, j'ai essayé d'être quelqu'un que je n'étais pas. Je n'ai jamais osé être moi-même. Je ne pensais pas que j'étais assez bien pour ça. Alors j'ai joué la comédie pendant plus d'un quart de siècle. C'est ça, le problème des gens: ils essaient tous d'être quelqu'un d'autre et c'est impossible!»

RÉVÉLEZ-VOUS POUR VOUS DÉCOUVRIR

Pour pouvoir vous aimer, vous devez vous connaître. Vous ne vous connaîtrez que quand vous *serez* vous-même.

Vous ne vous découvrirez qu'après vous être défait de la fausse façade que vous vous êtes créée. Alors seulement pourrez-vous découvrir qui VOUS êtes réellement.

Nous nous efforçons désespérément de cacher, même à nous-mêmes, la personne que nous sommes vraiment. La plupart des gens sont terrifiés à l'idée de se découvrir. Nous faisons tout ce que nous pouvons pour nous dissimuler. Nous nous couvrons souvent d'artifices tels que les vêtements, les cosmétiques, les voitures pour tromper les autres aussi bien que nous-mêmes. Soyez assez honnête pour permettre à votre vraie personnalité de se dévoiler. Cessez de vous cacher derrière la crainte d'être exposé, rejeté ou la peur de vous apercevoir que vous possédez une faible personnalité. Ne passez pas à côté de l'occasion de vous connaître assez pour pouvoir vous améliorer.

Vous pourrez accumuler l'honnêteté nécessaire en vous disant que personne n'est parfait et que personne ne s'attend à ce que nous le soyons. Débarrassez-vous de votre perfectionnisme et vous aurez le courage d'être honnête.

Dites-vous: «J'ai besoin de m'améliorer. Nous en avons tous besoin. Et je ne pourrai jamais m'aimer tant que je ne connaîtrai pas mes points faibles et mes points forts.»

FAITES CECI

1. Trouvez un ami en qui vous avez confiance et qui vous connaît bien. Dites-lui: «Je veux être honnête avec moi-même. Aide-moi. Dis-moi quels sont mes points forts et quelles sont mes faiblesses.»

2. Confiez-vous honnêtement à cet ami (tel que vous vous considérez vous-même). En abattant toutes les barrières, éliminant toutes les craintes, en vous détendant totalement et en parlant tout simplement de vos problèmes devant une personne sensible et sincère, vous serez étonné de vous voir tout à coup sous un jour tout différent. En nous écoutant parler honnêtement et ouvertement, nous nous découvrons nous-

142

mêmes. C'est un phénomène que je remarque régulièrement lors de nos sessions de conseil. Un homme, ou une femme, arrive avec un problème, s'assied et, se sentant en confiance et en sécurité devant un professionnel, confie tous ses ennuis. Le thérapeute reste là, silencieux, les mains croisées et les yeux amicaux, en relation spirituelle profonde et écoute d'une oreille compréhensive et amicale. Après avoir déversé toutes ses angoisses, se préparant à partir, la personne dit souvent: «Merci pour tout ce que vous avez fait.»

Qu'ai-je fait pour l'aider? Je n'ai fait qu'écouter d'une oreille sympathisante pour encourager son esprit et son coeur à s'ouvrir. La personne perturbée se découvre — découvre ses points forts et ses faiblesses en conversant de façon créative, même si nous n'y intercalons que quelques mots.

3. *Écoutez* avec honnêteté les compliments sincères et les critiques constructives de vos amis. Rappelez-vous que nous écoutons souvent d'une oreille préoccupée ou avec une opinion préconçue. Vous écouterez bien mieux en déclarant: «Dis-moi toute la vérité. Ne me cache rien. Dis-la-moi franchement. Je suis prêt à découvrir la vérité à mon sujet.»

PRÉDICTION

Voici ce qui arrivera si vous parlez et écoutez avec honnêteté:

1. Vous vous sentirez profondément soulagé. Vous serez fier d'avoir osé partager vos sentiments profonds avec honnêteté.

2. Vous découvrirez que vous n'êtes pas aussi mauvais que vous le pensiez.

3. Vous vous découvrirez des qualités positives insoupçonnées.

4. Vous découvrirez également que certains de vos défauts sont bien plus sérieux que ce que vous vouliez bien vous avouer.

3. ADRESSEZ-VOUS DES COMPLIMENTS

Maintenant que vous êtes honnête avec vous-même, commencez à vous complimenter. On vous a divulgué vos bons côtés. Mais vous n'y croirez probablement que lorsque vous les nommerez vous-même. Alors commencez à déclarer à haute voix: «Je suis sympathique. Je travaille bien.» Nommez toutes les qualités admirables dont vous venez d'entendre parler.

DÉGOURDISSEZ-VOUS

En vous adressant des compliments, vous vous dégourdirez graduellement. Pendant des années vos mauvais côtés vous ont engourdi. Vous disiez (et vous y croyiez): «Je suis inférieur aux autres. Je ne suis pas tellement beau. Je ne suis ni très intelligent, ni charmant, ni talentueux.» Vous pouvez enfin briser l'emprise de négativisme qui vous a paralysé pendant des années. Dès que vous commencerez à vous complimenter, vous sortirez de votre torpeur. C'est difficile. Vous aurez l'impression d'être un vantard, un orgueilleux et un hypocrite. Mais vous devez le faire!

Vous êtes comme un meuble recouvert d'innombrables couches de peinture défraîchie. Décapez, grattez et nettoyez les couches de camouflage d'émail et vous découvrirez le bois précieux qui se cachait en-dessous! Depuis votre plus tendre enfance vous avez couvert votre vraie personnalité de couches innombrables de critique de soi. En décapant toutes ces couches de condamnation de vous-même, vous découvrirez un coeur merveilleux tout au fond de vous-même! C'est ce qui vous arrivera lorsque vous vous serez dégourdi en vous complimentant.

4. PARDONNEZ-VOUS

C'est la dernière étape du procédé de polissage de votre personnalité. Après avoir décapé la peinture défraîchie, il restera des taches de condamnation de soi, de regret et de remords; vous devez les éliminer. Vous avez surmonté une partie de votre culpabilité en pensant que Dieu vous pardonnait, mais vous ne vous pardonnez toujours pas. Vous vous rappelez encore certaines erreurs que vous avez commises par le passé et vous vous culpabilisez encore.

Il est peut-être difficile d'empêcher les mauvais souvenirs de vous revenir à l'esprit, mais vous ne devez pas leur ouvrir la porte toute grande! Ne les invitez donc pas! Claquez-leur la porte au nez. Dieu vous a pardonné. Maintenant pardonnez-vous. Et en enterrant la hache de guerre, enterrez-la bien profondément. Ne laissez pas le manche dépasser. Contentez-vous de déclarer: «Le Christ vit en moi; je suis donc une personne merveilleuse. Le Christ m'a pardonné. Je me suis pardonné.» Répétez ceci fréquemment et peu à peu vous vous pardonnerez.

Maintenant donnez-vous une bonne tape dans le dos. Relevez la tête et tenez-vous bien droit. Regardez du côté du soleil. Souriez et répétez une fois de plus la déclaration précédente à haute voix. Vous devrez peut-être vous trouver un endroit désert à la campagne pour pouvoir crier cette déclaration aussi fort que possible. N'hésitez pas à hurler! Car il faut parfois un timbre vocal puissant pour atteindre le subconscient.

5. AMÉLIOREZ-VOUS

En vous faisant des compliments vous améliorez l'image que vous vous faites de vous-même, car vous écartez tous vos comportements négatifs.

Commencez par croire que vous pouvez vous améliorer. Développez votre confiance en vous rappelant que vous évoluez constamment.

> **Aujourd'hui vous n'êtes plus la personne que vous étiez hier.**

Il en résulte une question importante. Pouvez-vous aimer quelque chose ou quelqu'un qui évolue constamment? Pouvez-vous avoir confiance en quelque chose ou en quelqu'un qui fluctue? Souvenez-vous que vous ne pouvez pas aimer ce en quoi vous ne pouvez placer votre confiance. Il est à peu près impossible d'aimer ce qui est transitoire *à moins que les changements apportent de l'amélioration*. On considère toujours les objets antiques ou en pleine croissance avec intérêt et anticipation. Il en est de même pour les gens qui *se développent* intellectuellement ou spirituellement.

Comment pouvons-nous donc aimer notre personnalité changeante? *En nous rendant à l'évidence que nous avons le pouvoir de choisir de changer positivement ou négativement.*

Vous pouvez transformer votre apparence physique. Vous pouvez contrôler votre silhouette en faisant de l'exercice. Si vous êtes gras, vous pouvez suivre un régime et maigrir. Si vous avez un visage triste, avec une peau tombante, des yeux passifs et les joues creuses, vous pouvez vous transformer en améliorant votre comportement. Les contours de votre visage changeront vite, sa forme et son expression réagiront à vos états d'esprit, tout comme l'océan réagit au vent qui souffle sur sa surface. L'océan lui aussi change constamment; il est parfois calme, à l'occasion ses petites vagues sautent gaiement et quelquefois il fouette furieusement les rochers. Votre visage est un océan qui change selon le vent de vos émotions et de votre pensée.

Ne craignez pas le changement. Accueillez-le comme une bonne occasion! Le changement est un problème sérieux, mais c'est aussi un noble espoir humain. Un mot, une illustration, une idée peuvent transformer radicalement l'aspect et la destinée de notre vie. J'assiste constamment à ce phénomène. Sans qu'on s'y attende, une idée positive nous apparaît à l'esprit, et voilà la destinée de toute une famille modifiée à jamais. Remercions Dieu de ne pas nous avoir créés rigides comme des éléments immuables de marbre, de granite ou d'acier!

Comme je suis pasteur, on m'appelle souvent au milieu de la tragédie. Et je me retrouve toujours à donner le conseil suivant aux personnes éprouvées: «Vous ne pouvez changer ce qui est passé. Acceptez-le donc. Mais acceptez un autre fait: ou bien cette tragédie vous améliorera, ou bien elle vous fera empirer. Peut-être vous rapprochera-t-elle de Dieu ou encore, elle vous en éloignera. Tout dépendra de la manière par laquelle vous réagirez à votre situation tragique.»

Vous ne pouvez pas toujours contrôler les événements de la vie, mais vous pouvez contrôler votre réaction face à ces événements. Considérez chacune de vos expériences, qu'elle soit favorable ou défavorable, qu'il s'agisse d'un triomphe ou d'une tragédie, comme un défi pour vous améliorer. Vous commencerez alors à vous considérer comme une personne qui doit absolument s'améliorer. Vous vous aimerez et aurez confiance en vous.

6. ACCEPTEZ-VOUS

Vous vous êtes adressé des compliments. Vous vous êtes pardonné. Vous apprenez à vous améliorer. Maintenant préparez-vous à vous accepter.

Certains côtés de votre être sont immuables. Vous ne pourrez jamais changer votre origine ni la couleur de votre peau.

Un militant noir m'a avoué: «En réalité, je luttais contre les Blancs parce que je haïssais ma propre couleur. Je détestais ma peau et mes origines, alors je détestais tous les Blancs dont la peau claire me rappelait constamment que j'étais noir. Ils me rappelaient ce que je désirais être, ce que je ne pourrais jamais devenir. Maintenant je me rends compte que mon refus obstiné d'accepter la couleur de ma peau était ridicule. Je ne suscitais que plus de haine, de colère et de pensées violentes. Je me rends compte maintenant que les Blancs n'étaient pas mes pire ennemis. C'était moi, mon pire ennemi. Depuis, j'ai changé d'attitude. J'accepte la couleur de ma peau au point d'en être fier. Et je remarque que j'ai changé. Je suis détendu. Je ne suis plus agressif avec les gens. Et j'ai des relations merveilleuses avec les Blancs, maintenant.»

Rappelez-vous que si vous vous abandonnez au dégoût ou à la colère en pensant que vous ne pouvez pas changer votre apparence physique, l'expression de votre visage reflétera vos sentiments; et vice-versa. Vous avez probablement rencontré des gens qui ne vous ont pas paru bien beaux au premier coup d'oeil. Mais ils savaient si bien s'aimer qu'ils étaient ouverts, enthousiastes et cordiaux. En les connaissant mieux, vous avez commencé à les trouver beaux et plaisants.

Acceptez-vous. Dieu vous a créé tel que vous êtes parce qu'*il* voulait que vous vous distinguiez des autres! *Il* aime ce qu'*il* a créé. Vous devriez agir comme *lui*.

7. ENGAGEZ-VOUS DANS UNE GRANDE CAUSE

Engagez-vous dans une cause qui en vaut la peine. Descendez donc des estrades sur le terrain de jeu. Engagez-vous dans une cause créatrice et constructrice. Ce n'est pas en se gavant de hot-dogs dans les estrades que l'on attire l'attention, les applaudissements, l'encouragement et enfin, la récompense. C'est en prenant le risque de se lancer dans la

course. Celui qui prend des risques se trouve sous les pro-
jecteurs: il attire donc l'attention, on l'encourage et il réussit. Et
un beau matin il se réveille avec une récompense extraordinaire: la confiance en soi. Souvenez-vous de ce que nous
avons déjà dit: c'est en s'aventurant que l'on développe son
amour de soi. Impliquez-vous dans une entreprise qui vous
dépasse. En vous engageant, vous acquerrez le sentiment
d'appartenance. En vous dévouant pour des gens, des projets
ou des causes, vous aurez l'occasion d'endosser des responsabilités. *La responsabilité engendre l'amour de soi, car la
responsabilité comble le besoin que nous avons de nous sentir
utiles.*

Acceptez de servir une cause, un projet ou une personne qui
vise un objectif élevé. Mais si vous vous engagez dans le but de
vous donner de l'importance, vous risquez de nuire à votre
estime de vous-même au lieu de la développer.

8. CROYEZ AU SUCCÈS

Vous devez absolument apprendre à croire fermement en
votre capacité de réussite. Que vous vous soyez engagé dans
un projet de groupe ou dans un projet personnel, vous devez,
vous pouvez et vous allez réussir.

Élaborez une technique de réussite.

Comment? Avant toute chose, RÊVEZ. Découvrez une idée
qui résout les problèmes, qui comble des besoins humains. Si
vous n'avez pas un rêve, comment pouvez-vous le réaliser? En
rêvant à une entreprise grandiose, vous réveillerez votre
amour de vous-même. Ayez le courage de plonger dans vos
rêves. Dans *How to live 365 Days Out of the Year* (Comment
vivre 365 jours sur 365), le docteur John Schindler nous
révèle que nous devrions toujours faire des projets. Le docteur
William Marston, psychologue renommé, a déclaré à la con-

férence de Madrid sur la psychiatrie: «J'ai remarqué deux qualités chez les gens qui réussissent: ils travaillent consciencieusement, et ils sont toujours positivement impulsifs.» Si vous voulez réussir, esquissez-vous un rêve.

D'abord il vous faut un rêve et ensuite il vous faudra un PLAN. Ébauchez un plan composé de plusieurs façons concrètes de réaliser votre rêve. Pensez possibilités. Rien n'est inaccessible à celui qui pratique la pensée positive.

Ensuite, il vous faut une ÉQUIPE. Personne n'est assez grand pour réaliser seul un rêve gradiose. Vous pouvez accomplir l'impossible en vous entourant de conseillers, d'aides et de manoeuvres.

Maintenant construisez un SUPPORT sous vos rêves. Soutenez vos rêves par la foi, l'espérance et la prière. C'est ce qui vous aidera à ne pas tout abandonner lors des moments difficiles qui sont pour ainsi dire inévitables. Puis mettez du VERNIS sur vos rêves. Affinez votre réussite en travaillant pour Dieu et pour votre prochain. Donnez une âme à votre but. La réussite égoïste génère la volonté personnelle; la réussite généreuse édifie l'estime de soi. Entourez votre rêve de la trinité de la foi, l'espoir et l'amour.

> **La foi stimule le succès.**
> **L'espoir soutient le succès.**
> **L'amour sanctifie le succès.**

9. ASPIREZ À L'EXCELLENCE

En vous efforçant d'atteindre la réussite, efforcez-vous aussi d'atteindre l'excellence. Faites de votre mieux dans toutes vos entreprises. Vous vous aimerez en constatant que votre accomplissement est de grande qualité. Tous les gens excellent dans un domaine particulier. Vous pouvez peut-être devenir la personne la plus prévenante de votre communauté; celle qui n'oublie jamais d'envoyer une carte de souhaits ou un mot de remerciements.

Efforcez-vous d'exceller dans la générosité et vous aurez encore plus de plaisir à vivre avec vous-même. Les gens généreux sont également enthousiastes, chaleureux et ils savent s'aimer eux-mêmes. Les gens repliés sur eux-mêmes sont tendus, soupçonneux, hésitants et inquiets; ils n'ont jamais ressenti la joie de l'amour de soi.

10. INCITEZ LES AUTRES À S'AIMER EUX-MÊMES

C'est la dernière étape vers un amour de soi solide. Maintenant vous pouvez vous oublier et commencer à penser aux gens qui, autour de vous, se sous-estiment. Vous pouvez leur remonter le moral, les encourager; et en agissant de la sorte, vous vous offrez encore plus de raisons de vous considérer vous-même comme une personne de valeur. Alors vous saurez vraiment que vous êtes réellement un être précieux.

IX

Comment développer la valeur personnelle de ceux qui vous entourent

C'était un beau jeune Noir. Je pense qu'il avait environ douze ans. «Un cirage, Monsieur?» m'a-t-il demandé. Ce devait être le cireur de chaussures le plus ambitieux de toute la ville de New York, car il était près de 20 heures quand je suis monté dans le siège usé de son stand. Sans attendre, il a plongé ses doigts noirs et minces dans la boîte de cirage noir et a commencé à couvrir le bout de mes chaussures.

«Quel est ton nom, fiston?» lui ai-je demandé. Il m'a regardé et ses deux beaux yeux sombres étincelaient de vie et de vitalité. Il ne s'est pas arrêté d'étendre le cirage sur mes souliers en me répondant: «Jimmy Wilson, Monsieur!»

«Wilson. C'est un très beau nom. C'est celui que portait un ex-président des États-Unis» lui ai-je dit.

Ça l'a vraiment impressionné. Il s'est arrêté de travailler pendant un instant. Puis on aurait dit qu'il évoluait psychologiquement, car l'expression de son visage s'est transformée. Il a laissé tomber son chiffon à polir tout taché, l'abandonnant sur mon soulier gauche. Il a relevé la tête et a plongé un regard triste dans le ciel sombre. Il a croisé les mains presque cérémonieusement et les a posées sur ses genoux. Et il a murmuré doucement, lentement, presque comme une prière: «Je voudrais bien pouvoir devenir un grand homme.» Puis tout à coup il est retombé sur terre, comme si sa conscience le rappelait à l'ordre. Il m'a regardé dans les yeux, plein d'espoir, comme s'il cherchait à ce que je le rassure. Comme j'ai été heureux de pouvoir lui dire ce que j'adore révéler aux humains: «Tu peux devenir un grand homme, Jimmy. Ou plutôt, Monsieur Wilson, ai-je continué. Tu es bien plus grand que tu ne le penses!»

1. COMMENT DÉVELOPPER L'AMOUR DE SOI CHEZ LES JEUNES

1. *Aidez-les à remarquer l'importance de ce qui paraît banal.*

J'ai dit au petit cireur: «Jimmy, ton travail est bien plus important que tu ne le penses.» «Mais je ne peux pas être un grand homme, je suis seulement un petit cireur de chaussures», a rétorqué mon ami Jimmy Wilson. «Tu n'as aucune idée de l'importance de ton travail, lui ai-je dit d'un air de défi. En faisant briller leurs souliers, tu donnes aux hommes plus de confiance en leur apparence; en quittant ce stand, ils se sentent plus beaux, ils ont plus confiance en eux, se sentent plus enthousiastes et plus ambitieux.»

En sous-estimant notre importance, nous produisons une quantité excessive de valeur personnelle inadéquate. Nous sommes alors portés à évaluer les gens selon leur rang, leur position, leur taille. Nous oublions que le maringouin a interrompu le creusement du canal de Panama pendant des années et qu'une armée de flocons de neige a vaincu Napoléon.

Quelle est la pièce la plus importante d'une automobile? Le moteur? La batterie? Je suppose que les pneus ne se sentiraient pas bien importants. Le volant? Les bougies d'allumage? Le réservoir d'essence? En réalité, s'il manquait une seule de ces pièces la voiture serait inutilisable.

Quel est l'homme le plus important dans l'armée? Le général? À quel poste se trouverait-il sans le simple soldat sur le front avec son fusil? Est-ce ce soldat d'infanterie, le plus important? Ou est-ce l'opérateur de télégraphie sans fil? Peut-être est-ce l'officier médical? Personne ne sera en mesure d'accepter sa position dans la vie tant qu'il ne comprendra pas un point primordial: tous les travaux, même les plus minimes et les plus banaux sont aussi importants que le projet lui-même.

2. Encouragez le jeune à découvrir et à développer le potentiel illimité qui sommeille au fond de lui.

J'ai eu à conseiller un jeune homme qui désirait abandonner ses études universitaires parce que, disait-il: «J'ai un travail à mi-temps et mon employeur veut que je travaille à temps plein. Il me paiera un salaire de six cents dollars par mois!» Pour lui, c'était une fortune. «Sais-tu, lui ai-je dit, que si tu étudies ces trois prochaines années et que tu termines tes études universitaires, tu gagneras bien plus de $7 200 par année durant les trois prochaines années? En étudiant trois ans à l'université tu gagneras plus de $300 000. Ce qui représente $75 000 pour chacune des quatre années que tu passeras à l'université.»

«Que voulez-vous dire?» me dit le jeune homme. Je lui ai expliqué: «D'après les statistiques, tout diplômé universitaire moyen gagne $6 000 de plus par année pendant ses quarante ans de carrière qu'un diplômé du secondaire. Ce qui signifie que si tu termines l'université, tu gagneras en réalité une somme totale de $300 000 pour tes trois ans d'études. Disons que l'argent est placé dans un compte en banque spécial qui te les rendra à un rythme de $6 000 par année pendant quarante ans.» «Eh bien ça alors! s'est-il exclamé; je n'ai pas les moyens d'abandonner mes études!»; et il les a complétées.

L'argent par lui-même ne développe pas l'amour de soi réel. Mais il peut aider de façon très efficace à développer l'estime de soi. Le jeune homme qui ne considère l'argent que comme un instrument qui lui permettra de s'acheter des voitures luxueuses et de beaux costumes dans le but d'impressionner les gens et nourrir son estime de soi ne s'attirera que des problèmes. L'argent ne lui servira à développer son amour de soi que s'il s'en sert pour aider ceux qui sont dans le besoin, pour son éducation et son entraînement personnel et peut-être pour l'avenir de ses enfants. Car nous nous aimons lorsque nous aidons les autres à devenir ce qu'ils devraient être.

L'argent permet de construire des hôpitaux. L'argent entretient les recherches scientifiques qui permettront de guérir les malades. L'argent est important. Chaque personne se doit, et doit à la société, de gagner le plus d'argent possible de la meilleure façon possible, à condition de l'utiliser pour réellement contribuer au bien-être de la société.

3. *Ne cessez jamais de croire en la génération montante. Croyez en vos jeunes et prouvez-leur votre confiance.*

Jim Poppen se laissait glisser à travers son secondaire de façon assez médiocre. Ses parents se faisaient un souci terrible, mais ils n'ont jamais cessé de croire en lui. En terminant ses études au Hope Preparatory School, il a décidé de devenir médecin. Presque personne ne croyait qu'il y arriverait. Il s'est inscrit à la faculté de médecine et a commencé à étudier sérieusement. Lors de ses premières vacances à la maison, il a raconté à ses parents qu'il travaillait très fort. Cette nuit-là, son père s'est fait réveiller par des bruits étranges dans la cuisine. Il s'est traîné à la cuisine dans le noir et a découvert à son grand étonnement son Jim assis par terre, nouant des cordes qu'il avait entortillées d'une chaise à l'autre.

«Mon fils a perdu la raison! Il ne supporte pas la tension des études», a pensé le père de Jim. Quand il lui a demandé d'un air étonné et soucieux ce qu'il faisait, le jeune étudiant lui a répondu: «Non papa, ne t'inquiète pas. À la faculté, j'ai commencé à m'intéresser au cerveau humain et j'ai décidé de devenir chirurgien en neurologie. Alors je vais devoir faire des noeuds à des endroits où je ne pourrai pas voir ce que je fais. Je dois apprendre à faire des noeuds dans le noir.» Jim avait découvert un domaine d'intérêt qui l'absorbait totalement.

L'Amérique entière a reçu un choc terrible en apprenant l'assassinat de Robert F. Kennedy. J'ai entendu la nouvelle à la radio en me rendant à mon travail ce matin-là: «Le docteur James Poppen, chirurgien neurologue renommé de Boston, Massachusetts, vole présentement vers la Californie afin d'examiner Robert F. Kennedy, gravement blessé d'une balle à la tête.»

Nous atteignons enfin l'amour de soi lorsque nous découvrons le talent que Dieu a mis en nous. Tous les jeunes recèlent en eux un potentiel illimité. Ils ne peuvent découvrir ce potentiel que lorsque des gens inspirés: parents, professeurs, pasteurs ont le courage de croire en la jeunesse d'aujourd'hui.

2. COMMENT DÉVELOPPER L'AMOUR DE SOI CHEZ LES DÉFAVORISÉS

On développe l'amour de soi des gens en les encourageant à améliorer leur niveau d'accomplissement. On acquiert l'amour de soi en s'améliorant. Incitez les gens à penser positivement.

Aidez-les à vaincre leur complexe de l'impossible. Racontez-leur les histoires vécues de gens qui, par leurs handicaps physiques ou leurs problèmes personnels, avaient toutes les raisons au monde de demeurer des nullités. Rappelez-leur que chaque problème est une bonne occasion déguisée. Chaque difficulté défie l'esprit humain de la vaincre. C'est ainsi qu'on arrive à s'aimer soi-même.

Lorsque nous rencontrons des gens qui ont un grave problème ou une épreuve sérieuse, il nous arrive malheureusement de nous abandonner à notre commisération à un point tel que nous nous laissons handicaper par leur problème plus qu'ils ne le sont eux-mêmes. Nous sommes donc portés à protéger à l'excès un enfant maladif, l'empêchant de s'endurcir face à la vie. Nous avons tendance à donner de l'argent à ceux qui font face à un problème financier. Le plus souvent, ce genre de charité fait plus de mal que de bien. On a demandé une fois à John Wanamaker: «Quel est le travail le plus difficile au monde?» À quoi il a répondu: «Celui de donner de l'argent sans faire plus de mal que de bien.»

Au cours de mon ministère, j'ai souvent rencontré des gens qui faisaient face à de graves problèmes financiers. Nous distribuions l'argent de façon très prodigue. Et nous découvrions chaque fois que nous insultions la dignité des gens. Chaque fois que nous nous montrions très charitables, les gens coupaient toutes relations avec nous un jour ou l'autre. Au début, ils dépendaient de notre aide financière. Ceci affaiblissait la motivation qui aurait dû les pousser à s'améliorer. Puis quand, pour leur propre bien, nous cessions de leur donner de l'argent, ils s'irritaient comme si nous les avions trompés. Aujourd'hui nous ne donnons de l'argent que rarement. Mais nous *prêtons* à ceux qui en ont besoin. Nous offrons des consultations financières gratuites.

Il y a quelque temps, un jeune Mexico-américain totalement ruiné est venu me rencontrer à mon bureau. Il ne pouvait pas travailler à cause d'une blessure à la colonne vertébrale qu'il s'était affligé lors d'un accident d'automobile. Sa femme était enceinte de huit mois. On voulait saisir sa petite maison. Au bout de quelques rencontres, nous avons pu l'aider à découvrir un moyen de devenir financièrement indépendant. Nous lui avons prêté l'argent nécessaire pour commencer un petit commerce et payer ses dettes. Tout ceci à un intérêt très bas et pour un terme assez long, selon ses besoins. Il a ainsi pu s'acheter deux incubateurs pour faire éclore des oeufs de cailles. Il achète des oeufs, les fait éclore et vend les cailles aux fermes de chasse. Ainsi maintenant il est fier de lui et, au lieu d'avoir honte de nous regarder en face (comme il serait arrivé si nous lui avions simplement fait un don d'argent), il vient fièrement nous faire part de ses progrès et rembourser son prêt.

Vous développez l'amour de soi chez les autres en les aidant de la bonne façon et raisonnablement. Harward Stearns est un avocat renommé de Whittier, Californie. Il est très impressionnant de le voir, dans son cabinet vous écouter intensément et prendre des notes. Le plus fascinant, c'est de voir qu'il écrit avec un instrument qui ressemble à une poignée de porte d'armoire d'où dépasse une sorte de clou. Alors vous remarquez qu'il est aveugle. Il prend des notes en Braille. Il est associé principal de la firme Stearns, Gross and Moore. Il se souvient de son enfance, quand il voyait encore. Il se souvient du visage de sa mère, des beaux couchers de soleil et de ses moments de jeu avec les jeunes enfants. On ne distingue absolument pas d'amertume dans ses souvenirs. «J'avais à peu près douze ans quand j'ai perdu l'usage de mon oeil droit parce que ma rétine s'était détachée. Je savais qu'il restait peu de temps avant de devenir aveugle. Je me souviens que j'ai accepté mon destin et que je me suis demandé ce que j'allais faire. Mais ma mère avait des idées fermes. C'est une femme extraordinaire.

«Quand je me suis retrouvé totalement aveugle à l'âge de treize ans, j'ai quitté l'école pour un semestre seulement. J'ai rattrapé ce semestre à la maison avec l'aide de ma mère, qui a passé de nombreuses heures à me lire mes leçons. J'ai appris le Braille.

«Quand j'ai terminé mon secondaire, à Memphis, Tennessee, nous avons déménagé en Californie et j'ai reçu une bourse d'étude à l'université de Stanford», raconte Stearns.

Il se souvient de son premier jour qu'il a passé à l'université de Stanford, avec sa mère, à parcourir le campus pour apprendre à connaître les lieux. «Je marchais avec une canne et je me sentais assez sûr de moi, mais ma mère savait que j'avais encore beaucoup à apprendre. Je suis arrivé près d'une bordure du chemin, je n'ai pas su la passer et je suis tombé. Ma mère n'a pas même essayé de m'aider. Elle savait que j'allais tomber et elle m'a laissé vivre cette expérience même si ça lui déchirait le coeur. Après tout, elle ne pouvait pas être constamment à mes côtés et il fallait que j'apprenne.»

Stearns a pu compléter son cours universitaire et ses études de droit grâce à une armée de lecteurs. Il a appris à se servir des machines à écrire ordinaires et Brailles et il résumait chaque cours. Ses efforts ont été récompensés, car il a obtenu son diplôme Phi Beta Kappa.

Stearns a extrêmement bien réussi dans sa carrière d'avocat.

Il ne ressent aucune amertume, mais il regrette certaines choses. Il regrette de ne pas pouvoir voir sa femme Barbara et ses trois enfants. Mais il est aussi très reconnaissant. «J'ai eu beaucoup de chance. J'ai reçu l'aide des bourses et des heures innombrables de patience de mes amis.»

Stearns vit une vie complète et utile. Il a été administrateur et président du Lowell Joint School District. C'est un membre actif du Lions Club; il en a même été député gouverneur. Il participe également au Whittier Area Joint Lions Sight Conservation Program, qui se charge d'acheter de l'équipement pour aider les écoles à enseigner aux aveugles. Il a été président du Lions Eye Foundation of Southern California, Inc.; il travaille également parmi les Y-Indian Guides.

«J'ai une dette importante à rembourser, explique-t-il, et chaque fois que je peux faire quelque chose pour un enfant aveugle, ou pour n'importe quel enfant, j'ai l'impression de rembourser un petit montant de mon emprunt gigantesque.»

Vous développez l'amour de soi chez les autres en les encourageant à affronter leurs problèmes et à les transformer en triomphes personnels!

Vous développez l'amour de soi chez les autres en les laissant libres de se découvrir, de s'exprimer et d'essayer. Vous devez leur laisser la liberté de gagner et la liberté d'échouer. Si vous ne leur laissez pas la possibilité d'échouer, ils n'auront pas la possibilité de se découvrir. Car c'est en essayant que l'on découvre sa pleine valeur. Nous nous découvrons autant en échouant qu'en réussissant. C'est d'ailleurs ce qu'exprime ce verset très profond de la Bible: *Et l'aigle secoue son nid pour que son petit apprenne à voler.*

Les gens sincères qui sympathisent de tout leur coeur bloquent bien souvent le développement de l'amour de soi chez les autres. Nous avons parlé de l'amour étouffant, où la mère est si protectrice qu'elle empêche son enfant de courir des risques, l'empêchant ainsi de découvrir la grandeur qui sommeille en lui.

En étant charitables d'une manière irresponsable, nous pouvons même emprisonner les gens dans leur propre indignité. Madame Sarsadie Willis de East Liverpool, Ohio, demandait avec instance qu'on la laisse parler des problèmes des pauvres à La Chambre des Représentants à Washington, D.C. Elle doutait qu'on lui accorde l'occasion de parler. Mais ils ont accepté. Voici comment elle a commencé: «Tout d'abord, ce n'est pas une Blanche raciste qui vous parle, mais une Noire qui sait de quoi elle parle. Alors écoutez-moi avec attention.» C'est ainsi qu'elle a admonesté le représentant démocrate Wayne L. Haynes. Puis elle a dit ce qu'elle avait à dire: «Cessez de nourrir les gens qui ne veulent pas travailler. Tout être humain qui reçoit quelque chose gratuitement perd toute sa fierté d'exister. De plus, a-t-elle dit, il y a toujours du travail à accomplir et il coûte moins cher de procurer des emplois aux gens que de leur donner des vivres.» À cet instant, une réaction assez inhabituelle se produisit: on entendit un puissant applaudissement général dans l'assemblée, non seulement chez les législateurs des deux côtés de l'aile, mais des balcons du public, où de telles manifestations sont contraires aux règles de l'assemblée.

Nous développons l'amour de soi chez les autres en les encourageant à endosser et à accepter leurs responsabilités. Personne ne pourra se sentir important tant qu'il n'aura pas de responsabilités à prendre dans son travail. Si on ne lui laisse pas sentir qu'il est responsable de lui-même, son sentiment d'importance descendra au plus bas point. Les parents peuvent enseigner à leurs enfants à s'aimer eux-mêmes en leur apprenant à endosser la responsabilité de leur vie personnelle et de leur cercle familial.

«J'essaie d'inculquer à mon enfant le sens des responsabilités, mais cela requiert de la discipline. Et mon enfant se révolte contre la discipline. Que pourrais-je bien faire?» m'a demandé une mère désespérée. Après l'avoir écoutée pendant un quart d'heure, je me suis aperçu qu'elle n'était pas du tout disciplinée elle-même. C'était une adulte irresponsable qui faisait tout ce qu'elle voulait quand elle voulait. Elle avait peut-être elle-même manqué d'un père ou d'une mère qui la discipline, on l'avait laissée entièrement libre de vivre sa vie indisciplinée. J'ai dû lui dire: «La plupart du temps, les enfants refusent la discipline parce que leurs parents vivent quotidiennement dans l'indiscipline. Les parents doivent vivre la discipline avant de l'exiger. En comprenant ce fait et en le respectant, on comprendra la cause d'un bonne partie de la délinquance juvénile.» Cette mère ne s'aimait pas elle-même! Les gens indisciplinés et irresponsables ne s'aiment pas. Les enfants n'apprendront jamais à prendre leurs responsabilités et à accepter la discipline s'ils voient constamment leurs parents *faire tout ce qu'ils veulent quand ils le veulent et comme ils le veulent.* Ce n'est qu'en voyant leur père et leur mère s'imposer de la discipline, des limites et un sens des responsabilités, qu'ils accepteront de vivre dans la discipline, les limites et avec un sens des responsabilités.

3. COMMENT DÉVELOPPER L'AMOUR DE SOI CHEZ LES GENS ÂGÉS

«Chez les gens âgés, le mot clé est *estime de soi*», disait le docteur E.W. Busse junior, président du service de psychiatrie au Duke University Medical Center.

«Sans estime de soi, disait-il, ils ne peuvent conserver la santé.»

Le docteur Busse, l'un des plus grands spécialistes en ce domaine dans tout le pays, explique: «Notre société, qui n'apprécie pas ceux qui échouent, se doit de convaincre les personnes âgées qu'elles ont de la valeur et que l'on a besoin d'elles.»

Le docteur Busse est également directeur du U.S. Public Health Service's Regional Center for the Study of the Aging. Fondé sur le campus de Duke en 1957, ce centre est le premier de ce genre dans tout le pays. En 1954 le docteur

Busse a lancé un projet d'étude sur le lien entre les différents facteurs physiologique, psychologique et social, qui affectent le procédé de vieillissement.

Quelque deux cents volontaires de plus de soixante ans ont participé à ce programme. Les volontaires viennent au centre tous les trois ans pour y passer deux jours d'examens médicaux et psychologiques sévères.

Le centre s'intéresse à plusieurs aspects du procédé de vieillissement tels les changements qui s'opèrent dans le cerveau, les effets des différents états émotionnels sur les processus physiques et l'influence du ralentissement physique sur l'adaptation sociale et psychologique de la personne âgée.

Le docteur Busse, affecté au U.S. Public Health National Advisory Child Health and Human Development Council, a déclaré que les études ont démontré qu'il n'existait aucun lien direct entre la retraite et le déclin de la santé (et par conséquent, la mort).

«Cependant, dit-il, on remarque que le taux de décès augmente juste après leur entrée dans des foyers pour personnes âgées.

«On sait depuis longtemps, expliquait le docteur Busse, que la privation sociale et les influences sociales hostiles affectent les nourrissons pathologiquement.

«Nous savons maintenant qu'il en va de même chez les personnes âgées. Avant la retraite, l'individu attirait l'estime grâce à son argent, sa position, son accomplissement. Dès qu'il les perd, il doit trouver un moyen de les remplacer.»

Le docteur Busse poursuit: «La société est donc responsable des personnes âgées. La société doit satisfaire à leurs besoins primordiaux: l'occasion de contribuer, des compliments au sujet de leur travail.»

À ceux qui sont sur le point de prendre leur retraite, le docteur Busse conseille de faire face à la situation, puis d'établir des objectifs définis pour l'avenir.

«Les gens âgés, dit-il, doivent demeurer actifs. On ne laisse pas rouiller une machine précieuse.»

Le résident d'un foyer pour personnes âgées a écrit quelques conseils qui vous aideront à développer l'amour de soi chez vos amis âgés:

Béni sois-tu, toi qui comprends nos pas chancelants et nos mains tremblantes.

Béni sois-tu, toi qui comprends qu'aujourd'hui nos oreilles doivent faire un effort pour entendre ce que tu dis.

Béni sois-tu, toi qui t'es retourné lorsque j'ai renversé le café sur la table, aujourd'hui!

Béni sois-tu, toi qui sembles savoir que notre vue est faible et que notre esprit est lent.

Béni sois-tu, toi qui t'es arrêté un instant pour nous parler, avec un grand sourire.

Béni sois-tu, toi qui ne dis jamais, quand tu viens me rendre visite: «Vous m'avez déjà raconté cette histoire deux fois, aujourd'hui.»

Bénis soient ceux qui savent, qui rappellent les souvenirs d'hier.

Bénis sois-tu, toi qui nous fais savoir que nous sommes aimés, respectés, et que nous ne sommes pas vraiment seuls.

N'oubliez jamais que les personnes âgées se sentent coupables dès qu'elles s'aperçoivent qu'elles deviennent un fardeau pour leur famille ou pour leurs amis. Comment résoudre ce problème? Enseignez-leur la pensée positive. Celui qui pense positivement sait que, peu importe son âge ou ses capacités physiques, il ne sera jamais un fardeau pour quiconque tant qu'il se montrera joyeux, qu'il ne se plaindra pas, qu'il demeurera une personnalité heureuse et pétillante. Les gens qui engendrent la joie, qui répandent le bonheur et qui génèrent l'enthousiasme restent toujours une grande source de force spirituelle. Ils ne se contentent pas de parler: ils donnent! Seuls les gens grognons qui s'apitoient sur eux-mêmes et qui se condamnent sont des fardeaux pour ceux qui les entourent.

4. COMMENT DÉVELOPPER L'AMOUR DE SOI CHEZ LE DÉSESPÉRÉ

Jean, vingt et un ans, souffre d'un cas grave d'épilepsie. Quand je suis allé le voir, il s'est soulevé d'un air endormi sur son lit et m'a dit: «Allons plutôt converser au salon.» Comme nous passions devant le poste des infirmières, il est tout à coup tombé raide sur le visage. Il est resté ainsi sans bouger et son sang rouge coulait sur les tuiles blanches; les infirmières se sont précipitées pour le relever et l'asseoir dans une chaise roulante. J'ai attendu une demi-heure qu'elles nettoient ses blessures. J'étais profondément touché de l'intérêt et de l'affection que l'infirmière montrait en pansant la blessure qu'il avait à la tête.

Quand nous sommes enfin arrivés au salon, il a commencé à parler, à nouveau, il a été pris d'une nouvelle attaque. Je l'ai retenu dans sa chaise pour qu'il ne tombe pas. J'ai attendu que le tremblement qui le tourmentait cesse. J'entendais un patient dément crier des insanités de l'autre côté du couloir. Finalement, Jean a plongé ses yeux bleus dans les miens et a bégayé: «À quoi sert tout ça, Révérend? Quand j'étais enfant, je voulais devenir un docteur Schweitzer, qui aide les autres. Mais regardez-moi. Je ne peux rien faire.» J'ai prié en silence et lui ai répondu: «Jean, il y a plusieurs types de gens, dans ce monde; il y a les gens utiles et les gens réduits à l'impuissance. Et souvent, ce sont les impuissants qui aident les utiles. J'ai remarqué à quel point l'infirmière t'aimait en pansant ta blessure tout à l'heure. Grâce à toi, pendant trente minutes elle s'est sentie importante et nécessaire! Ces infirmières apportent leurs chèques de paie chez elles pour nourrir et habiller leurs enfants. Crois-moi, les impuissants aident leur prochain plus qu'ils ne le sauront jamais.» Je n'oublierai jamais l'expression de son regard. Pour la première fois de sa vie, il pouvait s'aimer sachant que lui aussi, il apportait une contribution précieuse à la grande famille des humains.

5. COMMENT DÉVELOPPER L'AMOUR DE SOI CHEZ CEUX QUI TRAVAILLENT POUR VOUS

Suivez le conseil donné dans la première partie de ce chapitre: il est indispensable que chaque personne se rende compte de l'importance vitale qu'a chaque emploi, même le plus banal.

Il vous faut aussi créer une atmosphère d'enthousiasme et de compréhension. Les directeurs qui n'ont pas assez de bon sens pour s'efforcer de développer l'amour de soi chez leurs employés et leurs associés développent une atmosphère de tension, de jalousie et de ressentiment dans leur organisation.

Au cours d'une croisière en Méditerranée, un été, j'ai rencontré le président d'une grande firme industrielle américaine. Je lui ai demandé: «Vous devez parfois ressentir une pointe de jalousie ou de ressentiment lorsque l'un de vos directeurs réussit si bien qu'il commence à menacer de prendre votre place. Que faites-vous, alors? Je n'oublierai jamais sa réponse. Il a dit tranquillement, calmement, avec des yeux pétillants: «C'est très simple. Je pourrais, par insécurité, m'abandonner à la jalousie ou à la peur. Mais ceci susciterait le ressentiment. Le ressentiment briserait toute communication. Les événements commenceraient à se gâter.

Bien sûr, je pourrais mettre le type à la porte ou m'en débarrasser, mais la compagnie perdrait un homme de valeur. La compagnie en souffrirait, et j'en souffrirais également même après avoir satisfait mon arrogance et mon orgueil.»

Et j'ai regardé cet homme fort et sûr de lui tandis qu'il disait «Voici mon secret. Certaines personnes disent *Vivez et laissez vivre*. Moi je dis: *Vivez — laissez vivre — et profitez-en.*»

J'ai dû avoir l'air un peu surpris, car il a expliqué: «Quand je pratique la philosophie du *Vivre, laisser vivre et en profiter*, tout s'améliore. Les différents services réussissent mieux. Et le conseil d'administration est tout heureux du beau travail du président exécutif et du président du conseil! Alors en un sens, je profite de ce que les autres accomplissent. En même temps, je me respecte vraiment parce que je sais que je donne à mes hommes l'occasion de monter aussi haut que possible. J'en bénéficie émotionnellement et financièrement. J'enseigne ceci aux hommes clés de la compagnie. Ça fait des merveilles!»

6. DÉVELOPPEZ L'AMOUR DE SOI DE TOUS GRÂCE À CES PHRASES MAGIQUES: «JE SUIS DÉSOLÉ.»

Cette phrase développe l'amour de soi, car elle prouve à la personne à laquelle vous avez causé du tort qu'après tout elle n'est pas si mauvaise que ça et que vous n'êtes pas parfait vous-même. N'ayez pas peur de reconnaître vos propres imperfections. Le père, la mère, le professeur, le pasteur d'une église sont tous considérés comme parfaits par ceux qui dépendent d'eux. Avouez honnêtement aux autres que vous n'êtes pas parfait lorsque vous prenez des décisions, dans votre exercice de la discipline, ou dans votre vie publique et privée. Votre honnêteté accomplira des miracles.

«JE VOUS APPRÉCIE»

Cette phrase magique saura elle aussi développer l'amour de soi chez les autres. Nous sommes si occupés et préoccupés par nos projets que nous en oublions d'exprimer notre reconnaissance. Tout le monde a besoin d'être périodiquement rassuré. En sentant qu'on les prend pour acquis, les gens perdent une partie de leur estime de soi.

«JE ME SUIS TROMPÉ: VOUS AVIEZ RAISON.»

Cette phrase magique, elle aussi, développe le sens de valeur personnelle chez les gens. Nous savons tous que seuls les grands hommes savent admettre qu'ils ont eu tort. Pourquoi? Parce que les grands hommes, tout au fond d'eux-mêmes, sont sûrs d'eux. Ils ne craignent donc pas d'admettre leurs erreurs. En n'osant pas dire: «Vous aviez raison. Je me suis trompé», vous démontrez que vous avez grand besoin de travailler au développement de votre sens de valeur personnelle.

«JE NE SUIS PAS TRÈS SÛR — D'APRÈS VOUS,
QUE DEVRIONS-NOUS FAIRE?»

Voici une autre phrase magique qui développe l'amour de soi chez ceux qui vous entourent. Vous montrez ainsi que vous croyez en leur intelligence. Les boîtes à suggestions que tiennent les institutions modernes et les firmes industrielles contribuent énormément à développer l'estime de soi des gens ordinaires.

Ces phrases font sentir aux gens qu'ils sont des êtres humains et pas seulement des instruments.

Mais avant tout, *vous développez l'amour de soi en enseignant que la grandeur d'âme dépend plus du caractère que de l'accomplissement.* Je pense qu'à peu près 99 pour cent des êtres humains ont tendance à mesurer leur importance et leur valeur par leur productivité. Rien n'est plus faux dans notre société. Dans une société communiste la valeur d'une personne dépend de sa productivité.

S'il en était ainsi, la maîtresse de maison se sentirait inutile à accomplir des tâches domestiques. Elle lave et nettoie, mais vingt-quatre heures plus tard on ne voit plus rien de son travail. Elle se mettrait à penser que son travail n'est qu'une routine banale, ingrate et sans créativité. Son mari rentre du travail en racontant tout ce qu'il a accompli. Tant d'autres femmes semblent accomplir tellement plus qu'elle dans leur vie! La maîtresse de maison risque de plonger dans la plus grande dépression possible par manque d'amour de soi, à moins de comprendre la leçon la plus belle au monde: *L'important, ce n'est pas ce que vous faites — c'est ce que vous êtes!*

L'un de mes pasteurs, le docteur Raymond Beckering, était autrefois pasteur d'une église de Chicago. Un jour, la femme d'un médecin renommé lui a téléphoné pour lui annoncer: «Mon mari, le docteur Cornelius Ver Meulen, vient de faire une crise cardiaque. Auriez-vous l'obligeance de lui rendre visite à l'hôpital, en tant que pasteur?» En se rendant à l'hôpital, le pasteur Beckering se demandait ce qu'on pouvait dire à un homme pareil. Il a commencé à prier. En entrant dans la chambre, il a vu le médecin assis dans son lit.

«Révérend Beckering, comme je suis heureux de vous voir! J'ai une chose merveilleuse à vous raconter, lui a dit l'urologue réputé. J'ai fait une découverte passionnante pendant que j'étais cloué au lit.» Ses yeux étincelaient. Son visage était radieux. Il rayonnait de vitalité et de vie. Le médecin a raconté sa découverte passionnante au pasteur silencieux. «J'ai découvert que l'important, dans la vie, n'est pas ce que vous faites, mais ce que vous êtes.»

Et ainsi, le médecin a donné sa vie à Jésus-Christ. Il a continué à monter dans sa profession et est devenu l'un des plus grands urologues au monde. Mais son sentiment gigantesque d'amour de soi et de respect de soi-même lui vient de la vie d'amour, de joie et de paix qu'il vécut avec le Christ.

Peu importe votre position, votre âge ou votre condition physique, vous avez la possibilité d'*être* une personne merveilleuse!

QUEL EST LE PLUS GRAND BESOIN DU MONDE AUJOURD'HUI?

Il ne semble pas avoir besoin d'une plus grande connaissance technique. Nous construisons des fusées, nous résolvons des problèmes scientifiques, nous transplantons des coeurs humains. Que nous faut-il de plus que tout ça? Nous avons besoin de fraternité, de compréhension et d'amour. Le monde a désespérément besoin de l'Esprit du Christ. Vous pouvez vous former vous-même une personnalité qui rayonne de cet amour. Il n'existe rien de plus important au monde. En prenant conscience que vous édifiez la foi, répandez la joie, générez l'espoir et encouragez les autres, vous saurez que vous êtes une personne merveilleuse. Enseignez cette vérité aux gens et vous développerez leur amour de soi.

QUE SE PRODUIT-IL QUAND NOUS DÉVELOPPONS L'AMOUR DE SOI DES AUTRES?

Sans nous en apercevoir, nous nous gagnons la plus belle récompense possible. Nous nous aimons nous-mêmes, en agissant ainsi! L'un de mes meilleurs amis, Walter Knott, fondateur de Knott's Berry Farm, qui est réputée internationalement, est un capitaliste chrétien. Il se laisse entraîner par la motivation de l'argent. Mais sous cette motivation financière agit la motivation de générer la dignité humaine.

«Pour régler le problème de la pauvreté, déclare monsieur Knott, il faut créer des emplois qui permettent aux gens de gagner leur propre pain et de rentrer à la maison le vendredi soir avec un chèque en poche et la dignité dans l'âme!» Monsieur Knott vit de façon très modeste. Il m'a dit un jour: «Je pourrais quitter le petit appartement dans lequel je vis avec ma femme. Je pourrais m'acheter une belle voiture neuve. Mais je trouve plus de bonheur à réinvestir mes profits dans mon entreprise. De cette façon, je crée de nouveaux emplois.»

Le grand fondateur de cette attraction touristique produisant des millions de dollars déclare: «Il me faut environ $7 000 en profits nets pour créer un nouvel emploi. Une fois, j'ai eu envie de m'acheter une maison de $140 000 à Newport. Puis je me suis mis à penser — je pourrais réinvestir cet argent dans la ferme et créer vingt nouveaux emplois! Alors c'est ce que j'ai fait. Quelle joie j'éprouve à ouvrir ces nouveaux comptoirs, et à regarder quelqu'un trouver avec bonheur un emploi merveilleux qui lui procurera la fierté qu'il mérite. Ce qui me procure le plus de satisfaction dans la vie, c'est de savoir qu'une veuve, un jeune ou une personne qui a souffert de discrimination a pu trouver ici un emploi honnête et remporter la récompense la plus merveilleuse que la vie ait à offrir: le respect de soi-même.»

En développant l'amour de soi des autres... vous développerez votre propre amour de vous-même! *Vous vous aimerez vous-même sans même devoir vous y efforcer.*

X

Comment reconstruire
l'amour de soi ébranlé

Que faire quand on a perdu tout estime de soi? Comment relever une confiance en soi défaillante? Comment retrouver le sentiment de sa propre valeur? Comment relève-t-on un amour de soi détruit?

Voilà vingt ans que je conseille des gens qui, après avoir traversé des difficultés embarrassantes, ont perdu toute assurance, toute confiance en soi et tout entrain.

Marie était sur le point de se marier. Elle avait déjà envoyé les faire-part à ses invités. On avait déjà acheté sa robe et celles de ces quatre filles d'honneur. Le gâteau était prêt pour le lendemain. Elle emballait le cadeau du marié quand le téléphone a sonné. C'était lui! Il lui annonça sur un ton effacé: «Marie» «Ah bonjour Jean, tu te sens excité?» lui a-t-elle demandé. «Marie, a-t-il continué avec peine, je ne peux pas. Je veux dire, on annule tout. Il n'y aura pas de mariage demain. Ne me pose pas de questions. Je suis désolé. Adieu.»

La jeune femme abasourdie est maintenant là, dans le bureau de son pasteur. «Qu'est-ce qui ne va pas chez moi? Il doit y avoir quelque chose qui ne va pas du tout dans ma vie.» Sa tête est retombée et ses épaules tremblaient. «Je suis si embarrassée. Je n'ose plus regarder les gens en face. J'ai dû commettre une grave erreur, d'une façon ou d'une autre.»

J'ai entendu exactement les mêmes propos d'un homme qui venait de divorcer; d'une mère de trois enfants que son mari venait de quitter; d'un millionnaire qui a traversé des difficultés financières qui l'ont amené à la faillite; d'un directeur qui a été mystérieusement et discrètement renvoyé de la firme pour laquelle il travaillait depuis des années; et d'une nuée d'alcooliques.

Lorsque vous êtes frappé par une situation de ce genre, dans la vie, vous vous sentez incapable de quoi que ce soit et vous perdez toute confiance en vous-même. Mais vous pouvez retrouver la confiance que vous avez perdue. Vous pouvez faire renaître votre sens de la valeur personnelle. Il y a toujours une façon de s'en sortir et de remonter la pente.

Pour reconstruire, on commence toujours par réfléchir de façon bien contrôlée. Il vous faut apprendre à distinguer la pensée négative de la pensée positive; entre les pensées qui mènent à la mort et celles qui vous redonnent vie. Toutes pensées de ressentiment, de condamnation de soi et de vengeance ne feront que détruire votre bonté, qui n'avait pas encore été endommagée.

1. CONTRÔLEZ VOTRE RÉACTION INSTINCTIVE

Vous devez absolument réaliser que si vous ne pouvez pas changer ce qui s'est passé, vous pouvez contrôler votre réaction face à ce qui s'est passé. Souvenez-vous que vous ne serez plus jamais la personne que vous étiez avant que cette épreuve vous frappe. Peut-être réagirez-vous d'une façon négative; vous perdrez alors de votre valeur. Ou alors vous réagirez positivement et vous deviendrez meilleur que vous ne l'avez jamais été. Vous pouvez commencer à penser négativement: «Je n'ai plus de but dans la vie; je me déteste.» Alors vous descendrez vraiment la pente. Ou alors, vous pouvez choisir la pensée positive: «J'ai échoué, mais je suis toujours une personne de valeur.» En suivant cette voie mentale, vous renaîtrez à la vie.

2. CESSEZ DE VOUS CULPABILISER

Vous vous ferez instinctivement des reproches. Retenez-vous. Quoi que vous fassiez, ne les croyez pas. Ce sont des exagérations émotionnelles extrêmes. Résistez de toutes vos forces à toute tendance d'accueillir, d'entretenir, de nourrir et de renforcer ces sentiments destructeurs. Les gens déprimés sont portés à se sous-estimer toujours plus en ne choisissant que de regarder le côté le plus négatif de leur personnalité. Ils se construisent délibérément une image d'eux-mêmes dégradante: en faisant la liste de tous les défauts qu'ils se sont découverts au cours de leur vie; en faisant remarquer toutes les faiblesses qu'ils ont eues durant leur vie; en ressassant des erreurs passées et oubliées depuis longtemps. En agissant de cette manière insensée et destructrice,

(1) ils exagèrent l'importance et la réalité de ces défauts réels ou exagérés;

(2) ils se blâment sans pitié et presque entièrement de toutes ces faiblesses, refusant avec entêtement de croire ou de se rappeler que d'autres ont contribué à commettre ces erreurs;

(3) ils oublient ou nient durement certaines de leurs qualités précieuses et quelquefois toutes; ils ignorent délibérément ou discréditent leurs accomplissements. Ils diminuent, sous-

estiment et trahissent les nobles qualités de leur caractère. Ils méprisent avec colère la valeur ou la réalité de toutes les qualités positives de leur vie lorsqu'un ami les leur rappelle.

Pourquoi cette tendance à nous désespérer et à nous dégrader par des pensées destructrices? Cherchons-nous des consolations pour panser notre orgueil blessé? Nous détestons-nous au point de vouloir nous liquider, nous éliminer et nous détruire? Notre subconscient irrationnel croit-il qu'en détruisant la partie de lui-même qu'il déteste, il pourra s'aimer? Ou cherchons-nous à endormir la culpabilité que nous ressentons pour avoir échoué? Cherchons-nous délibérément à nous infliger cette punition mentale pour nous racheter en nous crucifiant nous-mêmes? Quelle qu'en soit la raison, comprenez bien ceci: vous ne pouvez reconstruire votre amour de vous-même en détruisant les parties de votre valeur personnelle qui ne sont pas encore atteintes.

3. ATTENTION:
NE VOUS APITOYEZ PAS SUR VOTRE SORT

Vous ne reconstruirez certainement pas votre amour de vous-même en vous abandonnant à la pitié. La pitié de soi ne produit pas le respect de soi-même. En se prenant en pitié, on concentre son attention sur un passé malheureux, entretenant les souvenirs que l'on aurait justement dû oublier. La pitié de soi reste tournée vers le passé. En vous concentrant sur votre passé, vous vous laissez emprisonner, contrôler et dominer par ce passé démoralisant. Au moment où vous songez au passé, il vous capture à nouveau. Ce qui s'est passé est réel, oui, mais ne laissez pas la pitié de soi vous emprisonner dans cette expérience.

Oubliant ce qui est en arrière, ...je cours vers le but, a écrit Paul. Si les mauvaises expériences viennent à passer, par pitié, laissez-les partir. Pourquoi sommes-nous tellement portés à nous prendre en pitié? Cherchons-nous à panser tendrement notre amour de nous-mêmes blessé? Si oui, nous devons nous rendre à l'évidence que la pitié de soi ne fait qu'entretenir la blessure. En nous prenant en pitié, nous espérons attirer la pitié des autres; mais nous confondons pitié et respect. Nous espérons ardemment rassurer notre personne tremblante que nous avons tout de même une certaine valeur. Si tels sont nos sentiments, nous devons absolument comprendre qu'en nous prenant en pitié, les gens ne nous respectent pas nécessairement. La sympathie n'implique pas nécessairement l'estime. Ou nous abandonnons-nous à la pitié de nous-mêmes, en nous emprisonnant dans le passé, par crainte de nous engager dans un avenir qui nous réserve peut-être d'autres expériences désagréables? Est-ce que je me prends en pitié pour me protéger volontairement des nouveaux risques que je devrais prendre en songeant à recommencer à zéro? Vous ne pourrez jamais reconstruire votre amour de vous-même tant que *vous ne vous serez pas débarrassé de vos mauvais souvenirs.* Quand vous aurez cessé d'y penser et d'en parler, vous serez sur la bonne voie. *Ne les laissez pas vous contrôler.* Chassez les pensées telles que «Je suis fini... Je suis un incapable... Je ne ferai jamais rien de bon... J'ai gaspillé toutes les chances que j'ai eues... Je me déteste... Je ne serai jamais quelqu'un de bien.»

1. *L'échec n'est pas une honte. Le crime n'est pas d'échouer, mais de ne pas viser assez haut.* Vous avez au moins eu le courage d'essayer. Il est bien plus honorable de tenter sa chance et d'échouer que de ne jamais se lancer dans une entreprise de valeur. Ceux qui ne prennent pas de risques ne s'attirent pas souvent d'applaudissements ni le respect des autres, car ils ne font jamais rien pour se mériter des félicitations!

2. *L'échec prouve que je suis humain.* Dites-vous que si vous avez échoué, vous êtes en bonne compagnie. Vous êtes

au moins sûr de faire partie de la race humaine. La plupart des gens ont échoué, même s'il ne s'est agi que de rater une bonne occasion. En fait, c'est l'échec le plus fréquent de tous, mais aussi le plus coûteux.

3. *L'échec peut vous améliorer.* Si mes échecs m'enseignent une leçon, ils prennent tout de suite une valeur positive. Je peux apprendre à reconnaître mes faiblesses. Je peux apprendre à connaître les autres ou tout au moins, je peux acquérir la patience, la compassion et l'humilité. Cet échec peut devenir la meilleure expérience que j'aie vécue.

4. *L'échec n'est pas nécessairement final.* Une amie m'a envoyé une lettre au début de l'année. Elle écrivait: *Je n'ai pas échoué cette année — je n'ai tout simplement pas encore réussi.* Comme ces propos sont différents de ceux d'un homme qui m'écrivait: *J'ai échoué dans mon mariage — comme je me déteste. Ce n'est pas parce que vous avez échoué dans* **un** *mariage,* lui ai-je répondu, *que vous allez constamment échouer dans* **le** *mariage. Vous devez croire qu'un jour vous vous marierez à nouveau. Avec ces sentiments, vous deviendrez une personne plus gaie, et par conséquent plus désirable. Ainsi, avec l'aide de Dieu, vous réussirez magnifiquement votre prochain mariage.* Il s'est avéré que je prophétisais! Aujourd'hui cet homme vit un second mariage épanoui.

5. L'échec n'est jamais total. «Je suis un parfait incapable», crie à tort celui qui se sous-estime. Personne n'est jamais un parfait incapable.

Celui qui déclare être absolument sans valeur se trompe complètement. Le très regretté docteur Smiley Blanton, éminent psychiatre, a déclaré un jour à son collègue Norman Vincent Peale: «Chaque vie humaine contient de vastes régions qui ne sont pas encore endommagées. Il faut découvrir ces régions intactes, puis s'en servir pour repartir à zéro.»

Il y a bien longtemps que les psychiatres ont remarqué que la maladie mentale n'est jamais complète. Freud a écrit que même des patients souffrant d'hallucinations ont raconté plus tard que «dans un coin quelconque de leur esprit, comme ils disaient, se cachait une personne normale, qui regardait la maladie progresser en spectatrice détachée».

En France, au cours de la Deuxième Guerre mondiale, les armées ennemies ont libéré les cent cinquante-huit patients *incurables* d'un asile d'aliénés. Tous les aliénés se sont échappés. Plusieurs années plus tard, on a découvert que cinquante-trois d'entre eux vivaient une vie parfaitement normale; ils étaient apparemment complètement guéris.

Quelle que soit votre condition, vous pouvez vous refaire un avenir prometteur. Vous pouvez régénérer l'amour de soi qui engendre la vie.

4. CROYEZ FERMEMENT EN VOUS-MÊME

Croyez fortement en vous-même. Dans un article intitulé *The Uncertain Science* (La science incertaine), Richard Lemon présente d'une façon brillante toutes les formes de thérapie psychiatrique: la psychanalyse, la psychothérapie, la chimiothérapie, la thérapie de groupe, la thérapie du milieu social et il conclut: «La croyance et la confiance en soi sont les deux facteurs qui influencent le plus la santé mentale.»

Vous pouvez reconstruire l'amour que vous avez pour vous-même, mais le processus en sera certainement lent et graduel. Dans son livre intitulé *Minds That Come Back* (Les esprits qui renaissent), le docteur Walter E. Alvarez déclare: *La plupart des maladies causées par des troubles émotionnels ne proviennent pas d'une unique émotion intense. Elles proviennent le plus souvent du goutte à goutte monotone d'émotions apparemment sans importance — le flot d'anxiété quotidien — la crainte — les déceptions et les désirs insatisfaits. Il n'existe aucune limite à partir de laquelle on puisse déclarer qu'une personne est déséquilibrée. C'est le comportement quotidien qui en est le plus affecté.* De même, on retrouve souvent sa santé mentale en exposant son esprit chaque jour, constamment, à des pensées positives qui reconstruiront lentement, mais sûrement, la croyance et la confiance en soi.

Affirmez à haute et intelligible voix: «Je suis un être humain normal!» Vous en retirerez deux avantages:

1. Vous nettoierez petit à petit votre esprit de toute condamnation de vous-même. Ce n'est pas parce que vous avez essuyé un rejet, souffert d'injustice, d'embarras, d'échec, ou d'une dépression à cause de la tension quotidienne que vous n'êtes pas une personne de valeur; vous n'avez fait que prouver que vous êtes humain. Pendant la Deuxième Guerre mondiale, lorsqu'un homme succombait moralement à la tension du combat, il risquait la cour martiale. Puis durant les derniers jours de la guerre, la 8e Force de l'Air d'Angleterre a découvert que même les héros, après un certain nombre de missions, souffraient de convulsions nerveuses, qu'ils commençaient à flancher.

2. Vous bénéficierez d'une précieuse découverte: vous êtes humain. Vous deviendrez réellement humble. Vous admettrez que vous avez besoin de vous améliorer et que c'est un objectif normal. Vous serez prêt à accepter toute aide constructive.

Un homme qui avait perdu tellement d'amour de soi qu'il en était au bord du suicide est venu me demander de l'aider. Il était arrogant, hautain, fier et désespéré. Peu de temps après sa dépression nerveuse, il a écrit: *Je suis maintenant parfaitement conscient des faiblesses, des limites et des défauts que je dois réformer dans ma personnalité, parce que je suis humain! Et aussi bête que cela puisse paraître, ce petit énoncé tout simple est la vérité la plus importante que j'aie découverte en*

1968. Je ne suis pas surhumain, je ne suis pas un saint, je n'étais pas prédestiné à accomplir des miracles, je ne suis qu'un homme comme tous les autres. J'ai alors pu reconnaître toute la valeur du plan de ma vie que je n'avais jamais su comprendre. Maintenant que je reconnais que je suis un simple humain, je suis en mesure de me rendre compte de ma valeur et de ma dignité personnelles. J'ai alors dû élaborer des buts, des ambitions et des niveaux d'aspiration à la mesure de mes capacités réelles. Je me suis débarrassé de mes aspirations irréalistes. Et malgré la nouvelle vulnérabilité à laquelle ces découvertes m'ont exposé, j'ai gagné du respect de moi-même en m'assagissant.

En se connaissant mieux intérieurement, cet homme retrouvera très rapidement une estime de soi véritable. Voici ce qu'il dit: «Non, Bob, je ne suis pas encore complètement guéri, et je ne vais pas l'être de si tôt. Il est aussi peu scientifique de croire à la conversion instantanée passant de *Je me déteste* à *Je suis malade* à *Je m'aime* à *Je vais très bien* que de coire qu'il tombera de la pluie d'un ciel sans nuages. Depuis le jour terrible où j'avais décidé de me suicider, avec le temps j'en suis venu à moins me détester. Et en arrachant l'écorce de haine de moi-même qui m'emprisonnait, j'ai libéré un coeur plein de valeurs positives.»

Il a déjà fait beaucoup de chemin. Il écrit maintenant avec clarté sur la profondeur de la haine qu'il se portait: «C'était un autre monde, noyé, loin de tout. C'était isolé, obscur, terrifiant, morbide. Un royaume satanique où l'oreille n'écoute que le ridicule, l'ostracisme, l'isolement et le banissement. Pauvre oreille, autrefois sourde à la beauté voilée d'une réalité déformée, qui se réveille maintenant à la cacophonie d'une irréalité mutilée.

pasderêvePasderêvePasdeRêvePASDERÊVE!!!!!!
doitmourirDoitmourirDoitMourirDOITMOURIR!!!!!!
réalité Réalité RÉalité RÉALITÉ!!!!!

«Si quelqu'un me demande, dites-lui que je suis de retour. Vous pourrez dire aussi que je suis tout aussi bruyant et vivant, mais ne vous y trompez pas: je suis de retour!» Et voici comment il conclut le rapport qu'il m'a écrit: «Ai-je encore des objectifs grandioses? Bien sûr, mais maintenant j'en suis fier; Dieu m'a aidé à les choisir. Quels sont mes motifs et mes méthodes? Tout simplement, de simples réponses à de simples prières. Mais oui; de vraies réponses à de vraies prières. Comment ça? J'ai passé de *Que **ma** volonté soit faite* à *Que **ta** volonté soit faite.* Est-ce que je subis encore des échecs? Certainement. J'ai remarqué que ça m'arrivait surtout quand j'essayais de rivaliser avec Dieu. Est-ce que j'arrive maintenant à communiquer avec les autres? Eh bien, pas toujours. J'ai cependant remarqué que plus je me taisais pour laisser à Dieu l'occasion de s'exprimer, plus les gens semblaient m'écouter. Me reste-t-il des craintes? C'est difficile à dire. Je ne crains plus ce qui s'est passé hier, parce que c'est fini; je ne crains pas demain non plus, et je ne crains certainement pas aujourd'hui. *Maintenant* c'est l'endroit dans le temps que j'appelle mon chez-moi, vous vous souvenez?

«J'essaie de façon très imparfaite de décrire un état de bonheur. Au point de vue de la syntaxe, ce que j'ai écrit ne devrait pas se terminer par un point, mais par un point-virgule; croyez-moi, c'est loin d'être tout. La nouvelle année a l'odeur d'une bouffée d'air frais. Donnez-moi juste la chance de me lancer dans ce deuxième coup de vent et vous nous verrez, mon *Partenaire* et moi, raser les montagnes pour en faire des collines.»

Vous aussi, pouvez faire un retour stupéfiant! Il vous suffit d'affirmer: «Je suis une personne de valeur. Je suis humain. Dieu aime les humains; surtout ceux qui désirent *son* aide parce qu'ils en ont besoin.»

5. LAISSEZ VOS PROBLÈMES VOUS RAPPROCHER DE DIEU

Déclarez fermement: «Je crois en Dieu. J'ai essayé de vivre sans *lui*. J'ai souffert, mais je vais m'efforcer de me construire par cette souffrance. Je vais la transformer en foi en Dieu.»

J'ai reçu une lettre d'un homme remarquable, où il me disait avoir grandement apprécié mon livre intitulé *Move Ahead with Possibility Thinking*. Il s'agit de Ben Franklin de Topeka, Kansas, qui a su si bien vaincre le malheur qu'on en a publié l'histoire dans le *Christian Athlete* de novembre 1968. Ben adorait l'alpinisme:

«J'étais passionné d'alpinisme; les sommets étaient mon paradis. Rien ne semblait annoncer ce qui allait m'arriver le 14 avril 1963. J'avais déjà fait de petites chutes avant; un jour, pendant que nous faisions des exercices de chute avec un ami, la corde m'a coupé le bas du dos. Je grimpais avec deux de mes amis, Paul Porter et Gerald Childers, nouveaux étudiants de l'Université de Colorado, comme je l'étais moi-même. Nous avons passé l'après-midi à nous exercer sur le mur de l'Amphithéâtre, un petit groupe de rochers près de Boulder. J'arrivais à la fin d'une montée particulièrement difficile quand j'ai glissé, ma corde s'est cassée sur la crête d'un rocher, me séparant de mon taquet et j'ai fait une chute de 45 mètres jusqu'au pied de la falaise. Heureusement, Paul et Gérald étaient sains et saufs sur une saillie un peu plus haut! À l'aide d'une autre corde ils sont descendus vers moi aussi vite qu'ils ont pu.

«J'avais quatre fractures au dos et deux au pelvis, mais je respirais encore. Gérald resta avec moi pendant que Paul courait chercher de l'aide. Je n'étais qu'à moitié conscient. Tout semblait noir autour de moi. Je me souviens seulement qu'une question me tournait et retournait dans la tête: *Que s'est-il produit avec ma corde?* Je ne pourrais pas dire combien de temps a passé avant que Paul revienne. Il est arrivé avec une équipe de sauveteurs et une civière. Je délirais; on m'a soulevé, placé sur la civière, attaché fermement et transporté dans le canyon jusqu'à une ambulance qui attendait. J'ai perdu toute notion de temps pendant que l'ambulance parcourait en hurlant les 50 kilomètres qui nous séparaient de Denver...

«J'étais paralysé à partir de la taille aux orteils.

«J'ai passé les semaines suivantes à prier, à souffrir et à pleurer amèrement. Je ne pouvais pas bouger les jambes! Voilà neuf ans que j'escaladais avec ces jambes, et voilà qu'en une fraction de seconde, elles avaient perdu toute leur puissance! Trois semaines ont passé, et je ne pouvais toujours pas bouger. Quatre semaines; mes jambes ne bronchaient pas. J'étais rongé par la douleur et par l'amertume. J'étais dominé par le découragement. Je me suis senti envahi par un sentiment profond de futilité et de désespoir. Je n'arrêtais pas de me demander *Pourquoi?* Pourquoi avais-je escaladé les rochers ce jour-là? Pourquoi cette corde s'était-elle cassée? Pourquoi ne puis-je pas bouger les jambes? Pourquoi Dieu n'avait-il rien fait pour m'aider? Pourquoi? Pourquoi? Pourquoi?

«On m'a opéré deux fois, mais rien n'y faisait. Les fractures avaient trop endommagé ma colonne vertébrale. On m'a dit que je devrais me déplacer à l'aide d'une chaise roulante. J'ai passé mes journées envahi par la panique, regardant avec horreur les draps immobiles.

«*Il arrive à chaque homme une fois dans sa vie d'avoir peur,* tellement peur qu'il est forcé de se rendre compte à quel point il est petit devant l'immense puissance de la vie. À cet instant, il perd tout usage de son cerveau, de ses capacités et de sa force. Il perd toute puissance et tout prestige. Il ne peut que prier Dieu tout-puissant, en lui demandant de l'aide et en implorant son pardon. La foi lui permet de percevoir les réponses de Dieu.

«Et c'est ce qui m'est arrivé. *Pour la première fois de ma vie, j'ai su sans aucun doute possible que j'avais besoin de Dieu. J'avais besoin de **lui** sans poser de questions et sans honte aucune.* J'étais terrorisé. Quatre semaines après cet accident en montagne j'étais encore cloué au lit et je ne pouvais pas me servir de tout le bas de mon corps. Chaque jour mes jambes rétrécissaient et il ne me restait plus beaucoup de temps. Si je ne pouvais pas bientôt faire remuer ces jambes, je ne pourrais plus jamais les faire bouger. C'est ce que m'avaient dit les médecins et les thérapeutes.

«Avant mon accident j'avais une relation à sens unique avec le Christ: de *lui* à moi. Moi, de toute façon, je m'en moquais complètement. Je n'avais qu'une foi superficielle en Dieu et je ne m'en servais pour ainsi dire jamais. Mais tout a changé. J'ai commencé à prier et à comprendre. Je me suis mis à *le* remercier, même durant cette épreuve, de bénédictions que je n'avais jamais remarquées avant: ma famille, mes amis, la beauté, l'amour de Dieu et du Christ, la vie elle-même.

«Cinq semaines ont passé, puis une sixième. Toujours aucun signe de mouvement. Mais enfin, quelque chose s'est produit... six semaines et quatre heures après mon plongeon au bas de la falaise. J'ai bougé un orteil! J'ai oublié tout d'un coup toute la douleur et la torture de ces semaines de terreur en m'apercevant soudain que Dieu avait jugé bon de répondre de cette façon à mes prières et à celles de mes amis. J'avais bougé un orteil! Les larmes coulaient à torrent le long de mon visage alors que j'appelais mes parents pour leur annoncer que l'épreuve avait pris fin. Je n'étais plus totalement paralysé. Maintenant la guérison pouvaient commencer.

«Près de cinq ans se sont écoulés depuis cette nuit joyeuse dans un hôpital de réhabilitation de Denver. Je suis retourné à l'Université du Colorado en septembre 1963. J'assistais aux cours en chaise roulante. Pour échapper à l'horrible chaise, je me suis organisé un voyage en Europe en 1964 et j'ai abandonné ma chaise à New York en embarquant dans l'avion. Les deux premières semaines en béquilles ont été difficiles mais je les utilise toujours. J'ai reçu mon diplôme de l'Université du Colorado en 1967 avec un semestre de retard. J'ai pu participer à des activités universitaires (éditeur du livre de l'année, président des séries de conférences... et me suis classé avec trente autre étudiants de l'université parmi les 15 000 noms du *Who's Who Among Students in American Universities and Colleges*. Depuis mon accident, je suis allé en Europe et en Islande et l'été dernier, j'ai fait le tour du monde, revisitant les pays de l'Europe continentale comme en 1964 et appréciant grandement les États-Unis à mon retour.

«Je ne guérirai jamais complètement. Je peux utiliser ma jambe gauche à 50 pour cent et ma jambe droite à 25 pour cent. Chaque année je me déplace un peu mieux grâce aux béquilles, aux supports de jambes et de dos.

«Mais chaque jour de ces dernières années a été merveilleusement beau et m'a apporté de nombreuses raisons de remercier Dieu. *Maintenant je pense que je suis tombé entre les mains de Dieu et non que j'ai glissé de **ses** mains le jour de mon accident dans la montagne. Et même si je désire ardemment pouvoir marcher à nouveau normalement, je donnerais tout ce que j'ai pour les bénédictions que j'ai reçues.*

«Je parcours environ 96 000 kilomètres sur la grand-route chaque année, mais je n'embarque jamais dans ma voiture sans *lui* demander de me bénir et sans *le* remercier. Grâce à mon accident, j'ai appris à mieux comprendre la richesse de la vie avec Dieu.

«J'ai appris qu'il nous suffit de regarder la vie avec Dieu dans les yeux pour trouver la paix, l'énergie, l'amour et la puissance. On découvre les réponses que l'on cherchait avant. Et grâce à l'aide de Dieu, notre vie peut s'enrichir, se compléter et s'améliorer.

«Je sais maintenant que les sommets de bénédiction de Dieu sont mon paradis.»

Si vous avez fait une chute terrible: mariage brisé, perdu votre emploi, éprouvé des ennuis financiers ou été rejeté par un grand ami; laissez-vous tomber dans les mains de Dieu et il vous transmettra la foi qui vous permettra de renaître à la vie.

XI

Accordez-vous une transplantation d'image personnelle

Si malgré toutes les suggestions qu'offre ce livre votre sentiment de valeur personnelle ne s'est pas réveillé, l'image que vous vous faites de vous-même doit être si endommagée qu'il vous faut une transplantation d'image dans votre esprit.

Le monde était fou de joie lorsqu'on a annoncé de l'Afrique du Sud que le docteur Christian Barnard avait réussi sa première transplantation du coeur. J'ai de bonnes nouvelles pour vous! Vous pouvez vous faire une transplantation d'image personnelle!

Dans son ouvrage intitulé *Psycho-Cybernetics* (Psycho-Cybernétique), le docteur Maxwell Maltz raconte qu'après une intervention chirurgicale, les gens développent une image d'eux-mêmes passionnante. Ils commencent à croire qu'ils ont maintenant du charme. Ils commencent à s'aimer eux-mêmes. Leur vie et leur personnalité en sont radicalement transformées.

De même, des centaines d'humains se forment une nouvelle image personnelle grâce à la puissance de la prière. J'exerce moi-même la technique de la prière depuis près de quarante ans et je l'utilise comme thérapeutique avec les malades et les déséquilibrés depuis plus de vingt ans. Je peux vous assurer que personne n'a échoué en priant honnêtement et avec foi de la façon que je vais vous décrire.

La plupart des gens qui critiquent la prière ne l'ont jamais essayée assez longtemps pour que nous puissions nous fier à leur opinion. De nombreux autres essaient de nier la puissance spirituelle de la prière, mais ils ne s'y prennent pas de la bonne façon. Je me souviens avoir lu l'histoire d'un indigène d'Afrique qui, ayant trouvé un petit transistor, le frappa contre une pierre en criant: «Parle, parle, parle-moi! Ils m'ont dit que tu pouvais parler.» Il avait un problème: il ne savait pas comment l'enclencher et régler la fréquence. Dans son ignorance, il démolissait et jetait loin de lui un instrument qui aurait pu fonctionner efficacement.

J'ai parlé à des centaines de gens qui se sentaient frustrés et dominés par l'anxiété. Ils ne connaissaient pas la puissance de la prière et la considéraient comme une fantaisie; jusqu'au moment où ils ont appris à prier de façon efficace.

Il a été prouvé scientifiquement que la prière efficace pouvait effectuer des miracles dans la personnalité humaine.

Un psychiatre réputé a écrit: *En tant qu'étudiant en psychothérapie, sujet qui ne s'occupe pas trop de la théologie, je suis convaincu que la religion chrétienne est l'une des influences les plus valables et puissantes capables de produire l'harmonie et la paix de l'esprit nécessaires à une grande partie des patients atteints de névrose pour recouvrer l'équilibre et la puissance. Dans certains cas, j'ai essayé de guérir des patients atteints de névrose en leur suggérant de chercher le calme et la* confiance; mais je n'y ai pas réussi, jusqu'au moment où j'ai combiné ces suggestions à la foi en la puissance de Dieu et à la prière, qui sont l'essence même de la foi chrétienne. Alors mes patients sont devenus forts.

Dans un article posthume, le docteur Alexis Carrell, médecin et détenteur d'un prix Nobel, écrit: *La prière n'est pas que de la louange. C'est aussi l'émanation invisible de l'esprit humain en état de louanges. C'est la forme d'énergie la plus parfaite que l'on puisse produire. L'influence de la prière sur l'esprit et le corps humain est aussi réelle que celle d'une glande active. Il en résulte une poussée d'énergie, une vigueur intellectuelle accrue, plus de force morale et une compréhension plus profonde des réalités qui contrôlent les relations humaines. En fait je dirais que la prière véritable est un mode de vie, que la vie la plus vraie est littéralement une prière.*

Vous pouvez croire les hommes de science: la prière peut accomplir le miracle de créer en vous une personnalité nouvelle et des plus aimables!

Saint François d'Assise avait l'art extraordinaire de générer un amour qui le renouvelait lui-même. Un jour, un noble Florentin lui a dit: «J'ai une question à vous poser. Quel est votre secret?» Saint François lui a répondu: «C'est la prière. La prière. Et c'est la prière!»

Des millions de gens ont découvert comment vivre avec eux-mêmes et en profiter, en découvrant Jésus-Christ. Quel était le secret de la grande confiance, assurance et affection personnelles de Jésus-Christ? Son contact intérieur avec Dieu par la prière.

EXEMPLE DE LA PUISSANCE DE LA PRIÈRE

La prière accomplit chaque jour cent millions de miracles. Certains événements provoqués par la prière ne peuvent s'expliquer qu'en termes de miracles. L'un de mes amis, Herb Wallace, est pasteur du Church of God à Garden Grove, en Californie. Lorsque la structure de la nouvelle église a été terminée, il s'est disputé avec l'entrepreneur au sujet du prix. Il semblait que la congrégation pouvait perdre vingt mille dollars, car le constructeur n'était pas prêt à donner le service auquel on s'attendait. Les autorités de l'église ont finalement consulté un avocat. Herb raconte: «L'avocat était compétent mais il n'était pas assez réputé pour influencer l'avocat de l'entrepreneur. Nous ne réussissions pas à nous en sortir. J'étais si frustré et anxieux que j'ai cru flancher. Tout ce que je pouvais faire, c'était de prier: *Seigneur guide-moi et conseille-moi.* Je priais pour qu'*il* me conseille et vous savez ce qui m'est venu à l'esprit? *Pourquoi ne vas-tu pas à la pêche, Herb?*

«Venant de Dieu, ce conseil semblait plutôt bizarre. Mais au moins j'allais me détendre. Alors j'ai installé le bateau sur la remorque, l'ai attaché à ma voiture et je me suis rendu à Salton Sea. Pendant que je traversais le désert, je priais: *Seigneur, que pourrais-je bien faire pour résoudre ce problème?* Il a répondu à cette prière par les pensées qui m'ont ensuite traversé l'esprit. Je me suis rappelé que chaque fois que j'allais à Salton Sea je voyais des pauvres de Los Angeles pêcher au bout du quai et ils n'attrappaient que des petits poissons. Ils ne pouvaient pas se payer un bateau pour pêcher en eau profonde où se trouve le gros poisson. Dieu semblait me dire: *Herb Wallace, cesse de t'inquiéter pour toi-même. Pense un peu aux autres. Prends ton bateau, rends-toi au bout du quai et si tu vois un de ces pauvres qui pêche, offre-lui de l'emmener dans ton bateau pour attraper de bons poissons. Oublie-toi, un peu.*

«Je suis arrivé à Salton Sea et j'ai mis mon bateau à l'eau. Je me suis rendu au bout du quai. À mon grand étonnement, personne ne pêchait. Mais j'ai aperçu un homme très bien habillé assis là avec sa femme. J'étais porté à les ignorer quand il m'a appelé: *Nous offririez-vous de nous emmener?* Je me suis accosté au quai et il a pu m'expliquer: *Nous arrivons de Palm Springs; j'ai essayé de louer un bateau mais il n'y en avait pas de disponible. J'aimerais aller en mer. Je me demande si vous voudriez bien me louer votre bateau.* Je lui ai répondu: *Je ne vais pas vous le louer, mais je serais content de vous amener en promenade. Je suis seul de toute façon. Embarquez.*»

Durant la promenade autour du lac, Herb s'est mis à parler de son église.

«Avant de m'en rendre compte moi-même, je racontais mon problème à ce type. Je lui ai dit: *Nous avons retenu les services d'un avocat, mais il n'est pas assez influent pour faire bouger l'avocat de l'entrepreneur. Je sais qu'avec un avocat réputé le problème se résoudrait tout de suite.*»

L'invité inattendu qui était assis en avant du bateau dans son complet luxueux de flanelle grise a fait sursauter le Révérend Wallace en disant: *Je sais où vous pouvez trouver un avocat de ce genre.* Il a sorti sa carte d'affaires et l'a tendue à Herb Wallace. Si je pouvais divulguer son nom, je suis sûr que vous le reconnaîtriez. C'est un avocat de réputation internationale, des mieux rémunérés au monde; il représente des célébrités aux États-Unis et en Angleterre.

Herb était renversé. «Nous n'avons pas les moyens financiers pour vous engager», a dit Herb. Le grand avocat a répondu: «Je vous en prie, Révérend Wallace, je pourrais acheter et revendre votre église et en retirer moins que ce que j'ai gagné pour plusieurs causes que j'ai représentées. Je serai heureux de vous représenter pour rien, à condition que vous ne le disiez à personne. Et, bien sûr, si ça ne vous fait rien qu'un Juif vous représente pour une cause d'église.» Herb a tout de suite répondu avec enthousiasme: «Si je me souviens bien, Jésus-Christ était Juif. Et *il* a été représenté par quelques

Juifs nommés Pierre, Jacques et Jean. Je ne vois vraiment pas pourquoi j'aurais des objections. Merci infiniment.»

Le lendemain, cet avocat renommé a fait parvenir une lettre à l'avocat de l'entrepreneur qui a tout de suite obéi aux conditions du contrat.

Je suis bien certain qu'en établissant la liste de toutes les possibilités réelles de cette rencontre entre le pasteur et l'avocat, on serait forcé d'en conclure que cet événement est bel et bien une impossibilité mathématique. Je ne pourrai que conclure qu'il s'agissait définitivement d'une réponse miraculeuse à la prière.

Essayez d'utiliser la puissance de la prière; vous résoudrez ainsi vos problèmes les plus graves. La prière vous apprendra à vivre avec vous-même et à vous aimer vous-même.

Il y a une bonne façon et une mauvaise façon de prier. Je désirerais vous présenter six étapes qui vous permettront de prier de façon efficace, ce qui vous donnera une nouvelle image de vous-même, je vous le garantis.

Pour vous aider à vous rappeler de ces six étapes après avoir refermé ce livre, j'ai placé les six pensées en acrostiche:

1. **P**artir à la recherche de Dieu.
2. **R**éexamen de soi.
3. **I**nsister positivement sur tout ce que Dieu accomplit en vous.

LA PRIÈRE 4. **E**t abandonner sa volonté personnelle au Christ.
5. **R**ésultats positifs. Si l'on prie véritablement, on s'attend à ce que des événements importants se produisent; et ils surviennent.

194

6. **E**nfin, se réjouir; la prière, c'est remercier Dieu de ce que vous êtes, de ce qu'*il* a fait pour vous et de ce qu'*il* fera pour vous.

Analysons plus sérieusement ces six étapes qui vous mènent à la puissance de transplantation de l'image de soi.

1. PARTIR À LA RECHERCHE DE DIEU

La prière est un instinct naturel de l'homme par lequel l'âme humaine cherche à atteindre le Dieu-Réalité.

Pour qu'ils puissent protéger leur vie, Dieu a doté les animaux de réactions de sauvegarde, les instincts. Il a donné à l'homme l'instinct de rechercher une puissance spirituelle bien au-dessus de lui. La prière est une inclination intuitive à rechercher quelque chose de plus grandiose que nous-mêmes.

La prière n'est donc pas le produit d'une névrose humaine. Je sais parfaitement que certains psychanalistes ont suggéré que la religion naissait de la peur, qu'elle avait été inventée au tout début de notre Histoire par des humains paniqués.

Permettez-moi de répondre à cette conception. Tout d'abord, il a été amplement prouvé que les religions primitives ne reposaient pas sur la peur, mais sur un sentiment de profond respect et d'émerveillement. Les Égyptiens, par exemple, n'adoraient pas des objets de terreur. Ils adoraient le scarabée et le chacal. Si leur religion primitive était née de leurs terreurs, ils auraient adoré les causes de leurs terreurs. Je ne peux pas accepter la thèse irresponsable de certains psychiatres et anthropologues qui affirment que la religion est née de la peur.

C'est le Créateur tout-puissant *lui-même* qui nous a dotés d'une intuition spirituelle qui nous pousse à courir vers lui lorsque nous sommes dominés par la crainte, l'anxiété, la pression ou la tension; ceci pour que nous ne l'oublions jamais. La même puissance qui a doté le saumon de l'instinct de retourner à l'endroit où il est né, a doté l'animal humain du besoin spirituel urgent de retourner à sa source originale de vie spirituelle. Par conséquent, la prière est principalement une recherche primitive du Dieu qui nous a créés.

Dans un avion qui me conduisait à Londres, j'étais assis à côté d'un psychiatre de New York. Je lui ai posé la question suivante: «Qu'est-ce qui différencie l'homme des autres animaux?» Elle m'a répondu: «Mon professeur à Varsovie disait toujours: *Ce qui différencie l'homme des autres animaux est que l'homme sait qu'il existe un Dieu. Les animaux l'ignorent.*» En effet, de tous les animaux qui habitent la planète terre, un seul recherche Dieu, un seul a affirmé avoir pu contacter Dieu par la prière. Et de plus, c'est l'animal le plus rationnel, le plus intelligent et le plus brillant de toutes les créatures terrestres. C'est la Puissance Créatrice qui a doté l'homme de la prière.

Dans son livre si émouvant, *I'll Cry Tomorrow* (Je pleurerai demain), Lillian Roth décrit les luttes qui ont torturé son âme. Elle nous affirme qu'elle n'a pu vaincre son problème qu'au moment où elle a pu prononcer trois mots; les trois mots qui pour elle ont été les plus difficiles à prononcer: «J'AI BESOIN D'AIDE.» Dans notre lutte pour reconstruire notre image de soi, nous ne réussirons qu'en nous engageant dans la première étape de la prière: celle où nous crierons: «MON DIEU, J'AI BESOIN D'AIDE.»

2. LE RÉEXAMEN DE SOI

La deuxième étape de la prière efficace est le réexamen de soi-même. La deuxième phase chirurgicale de la transplantation d'une image de soi exige que l'on s'évalue soi-même avec honnêteté. C'est probablement l'acte le plus difficile à exécuter pour un humain. Nous avons tous tendance à être dominés par des sentiments de culpabilité conscients et inconscients qui nous empêchent de nous approcher assez de Dieu pour qu'*il* puisse opérer en nous le miracle spirituel.

Nous avons bien l'intuition qui nous pousse à nous approcher de Dieu, mais en même temps, nous nous sentons si coupables que nous craignons que Dieu découvre les hypocrites trompeurs que nous sommes souvent et qu'*il* nous rejette, car nous nous rejetterions nous-mêmes. *Le doute devient alors une manoeuvre défensive de notre conscience coupable.*

Posez-vous les trois questions suivantes: Suis-je totalement honnête dans ma vie de prière? Est-ce que je donne tout mon amour dans ma vie de prière? Ai-je éliminé tout égoïsme dans ma vie de prière?

Maintenant avouez vos péchés et vos défauts à Dieu. Faites-le le plus honnêtement possible. Dites: «Seigneur, *tu* sais que j'ai souvent affirmé que je croyais en *toi* quand au fond ce n'était pas vrai. Mais je suis vraiment heureux de savoir que *tu* m'aimes, même si parfois j'ai des doutes à *ton* propos. Mais je suis heureux de savoir que *tu* veux être mon ami, même en sachant que je suis imparfait. *Tu* sais que j'ai de la difficulté à m'aimer moi-même parce que je... (et là, vous exprimez ouvertement toutes vos craintes, vos inquiétudes, votre culpabilité).»

On a souvent remarqué que la confession était bonne pour l'âme.

Vous ne vous débarrasserez de la culpabilité qui vous empêche de vous aimer vous-même que lorsque vous l'aurez exprimée ouvertement. Tant que vous n'aurez pas confessé

votre culpabilité, vous continuerez à rationaliser, à vous créer des excuses et à éviter d'affronter vos péchés et vos défauts. Vous en avez, soyez-en sûr! En vous réexaminant, vous serez *envahi par des sentiments de culpabilité; la culpabilité vous incitera à vous confesser; la confession vous incitera à vous repentir sincèrement.* C'est ainsi que l'on renaît, que l'on devient une nouvelle personne.

Bill Sands, le fondateur du Seventh Step Program (Programme de la septième étape) visant à réhabiliter les prisonniers, nous dit que le prisonnier commence à passer de la *mentalité de prisonner* à une *mentalité d'obéissance à la loi* lorsqu'il accepte d'admettre à haute voix: «J'ai été stupide.» Bill Sands affirme que le prisonnier moyen ne croit pas qu'il a mal agi. Il pense simplement qu'il n'a pas eu de chance.

Bill dit: «Je me rends dans les prisons avec mon costume de mohair noir, mes chaussures d'alligator, ma plus belle cravate de soie. Je monte sur la plate-forme et je demande à ces prisonniers: «Salut! Vous aimez mes souliers? Et *vous*, que portez-vous? Il vous plaît, mon nouveau costume? Et *vous*, que portez-vous? Hé, les gars, vous devriez voir le lit que j'ai à la maison. Il est fabuleux. Des draps blancs, de grands oreillers, matelas confortable. Ça, c'est la vie! Dans quel genre de lit dormez-*vous* ces temps-ci? À propos, les gars, quand je sortirai d'ici ce soir, je me paierai un bon souper au restaurant; un gros steak épais et saignant. J'écouterai de la musique douce en contemplant ma jolie femme assise de l'autre côté de la table. Puis nous monterons dans ma voiture et nous nous promènerons à travers les collines jusqu'à notre magnifique maison.»

Là, Bill Sands fait une petite pause et il s'écrie: «Soyez logiques. Qui est stupide? Vous ou moi? J'obéis à la loi et je mange bien, je dors bien et je suis libre. Vous violez les lois. Vous êtes pris dans cette boîte. Vous croyez que vous êtes intelligents et que tous ceux qui obéissent aux lois sont stupides. Qui est stupide en réalité?»

Vous vous transformez profondément et pour longtemps dès que vous vous repentez sincèrement en admettant: «J'ai eu tort. Je changerai!»

3. AFFIRMATION POSITIVE

L'affirmation est la troisième étape vers la prière générant l'amour de soi. Maintenant que vous avez traversé la torture d'une confession profonde de vos péchés et de votre culpabilité, acceptez l'amour et le pardon de Dieu. Ne continuez pas éternellement à dire à Dieu que vous êtes un misérable. Vous ne feriez que nourrir l'image négative que vous vous faites de vous-même. Il est maintenant temps de vous repentir et de commencer à affirmer: «Dieu m'aime. Dieu m'aime même si je suis imparfait. Dieu m'aime même si je n'ai *pas la foi que je devrais avoir. Cela doit signifier que je suis une personne merveilleuse.*»

À partir de cet instant, éliminez toutes affirmations négatives de vos prières. Vos prières peuvent soit vous persuader que vous êtes une personne grandiose et merveilleuse, soit que vous êtes toujours un misérable, un incapable, inférieur à tous et inutile. La Bible révèle: Dieu est fidèle et juste. Si nous confessons nos péchés, Dieu est tellement fidèle qu'*il* pardonnera toutes nos iniquités.» Ce qui signifie que si vous avez vraiment bien fait votre confession, vous êtes pur et pardonné. Affirmez À HAUTE VOIX: «Je suis l'ami de Dieu. Dieu m'aime. Si Dieu m'a choisi pour être *son* ami, je dois être une personne merveilleuse.»

Je crois que le devoir le plus difficile que vous demandera ce livre sera de répéter ces affirmations qui vous donneront confiance en vous, de façon positive, régulièrement, et à haute voix.

«Je peux tout par le Christ qui me fortifie. J'ai en moi des puissances que je n'ai pas encore découvertes. Je possède un grand potentiel. Je peux accomplir l'impossible parce que Dieu et moi, nous travaillons ensemble.»

4. ABANDONNEZ-VOUS AU CHRIST

C'est la quatrième étape de la prière qui opérera en vous une transplantation d'image de soi. Je pense que la prière la plus efficace était celle de Jésus-Christ dans le jardin de Gethsémani: «Père, toutes choses *te* sont possibles. Que cette coupe s'éloigne de moi. Toutefois, non pas ce que je veux, mais ce que *tu* veux.»

Vous vous découvrirez une valeur énorme lorsque vous réaliserez que vous faites équipe avec Dieu pour accomplir un travail merveilleux dans ce monde. Dieu a un plan pour votre vie. *Il* ne pourra rien accomplir avec vous tant que vous vous penserez sans valeur, sans efficacité et inutile. Dieu ne peut accomplir de grandes réalisations qu'avec des humains qui ont confiance en eux-mêmes. Vous vous construirez de la confiance en vous en recherchant Dieu, en vous repentant de vos péchés, en affirmant *son* amitié et *son* pardon. Alors vous serez prêt à consacrer votre vie pleine de confiance à *son* service.

Le vrai but de la prière est de vous approcher de Dieu pour qu'*il* puisse accomplir *sa* volonté dans votre vie. Nombreux sont ceux qui ne réussissent pas dans la prière parce qu'ils utilisent la prière pour obtenir *ce qu'ils veulent, quand ils le veulent et comme ils le veulent*. De telles prières sont vouées à l'échec.

Quand vous êtes en bateau et que vous désirez vous approcher de la rive, vous jetez votre ancre dans le sable et vous tirez la corde jusqu'à ce que la plage glisse sous la proue de votre bateau. Qu'avez-vous fait en réalité? Vous n'avez pas fait approcher la rive vers le bateau; vous avez approché le bateau de la rive. La prière a été créée pour nous rapprocher de Dieu; elle n'a pas été créée pour pousser Dieu vers notre volonté. Comme Frank Laubach nous le rappelle dans son bel ouvrage intitulé *Channels of Spiritual Power* (Les canaux de la puissance spirituelle), la prière n'est pas un sceau; c'est un goulot de fontaine. La prière a été créée pour lier votre vie à Dieu pour que *son* esprit d'amour puisse couler à travers votre vie et se déverser dans la vie de ceux qui vous entourent. Quand Dieu se servira de votre personne pour aider les autres humains, vous serez envahi du plus grand sentiment de valeur personnelle qu'il soit donné d'éprouver.

«Seigneur, montre-moi la personne à qui *tu* veux t'adresser par ma vie aujourd'hui.» Un de mes amis m'a donné cette prière simple il n'y a pas longtemps. Elle m'a tellement impressionné que je l'ai recopiée sur une grande feuille de papier et l'ai collée sur la grosse porte d'acajou de mon bureau. De mon bureau, chaque fois que je lève la tête je peux voir la prière en grosses lettres! «Seigneur, montre-moi la personne à qui *tu* veux t'adresser par ma vie aujourd'hui.» Elle n'est pas là depuis longtemps, mais elle a déjà énormément entretenu mon sentiment de valeur personnelle. Après l'avoir collée à ma porte, j'ai reçu un appel téléphonique d'une jeune étudiante de l'école secondaire de Fullerton, en Californie. Elle avait une faveur assez spéciale à me demander. «Jeudi qui vient, Révérend, nous aurions besoin d'un pasteur qui vienne parler durant les cours d'Histoire au sujet de la place qu'occupe la foi chrétienne dans la vie moderne. Accepteriez-vous de le faire? Il y a cinq cours de 8 heures à 15 heures.

«Chaque cours compte environ cent étudiants. Ce serait pour vous une occasion extraordinaire de partager avec nous tous votre foi en Dieu. Mais jeudi est le seul jour que l'école accepte de consacrer à ce projet.

J'avais déjà réservé mon jeudi pour établir le plan général de ce livre. J'étais sur le point d'expliquer que j'étais pris ce jour-là quand j'ai aperçu à nouveau la petite prière: «Seigneur, montre-moi la personne à laquelle *tu* veux t'adresser par ma vie aujourd'hui.» Avant de m'en apercevoir, j'avais déjà répondu: «D'accord. Je serai à votre école jeudi matin à 8 heures.»

Et j'y ai passé l'une des plus belles journées de ma vie! J'ai eu l'occasion d'aider un bon nombre de jeunes qui avaient de réels problèmes spirituels. À la fin de la journée, j'avais le sentiment merveilleux que Dieu se servait de ma vie d'une façon inspirée. Ce fut l'une des plus grandes expériences d'amour de soi de tout mon ministère. Cette simple petite prière m'avait abandonné à la volonté de Dieu et j'avais reçu la plus belle récompense au monde. J'ai vraiment eu du plaisir à vivre avec moi-même ce jour-là!

5. S'ATTENDRE À DES RÉSULTATS POSITIFS

Si en priant vous avez déjà suivi les quatre premières étapes: (1) Partir à la recherche de Dieu, (2) Réexamen de soi, (3) Insister positivement sur le pardon et l'amour de Dieu, (4) Et abandonner sa volonté personnelle à la volonté de Dieu pour votre vie, alors vous êtes prêt pour la cinquième étape de la prière et vous pouvez vous attendre à ce que des événements importants se produisent. Vos prières devraient continuer à être positives. Ne laissez pas votre prière devenir une orgie de larmes, un exercice générant de l'anxiété, une discussion qui entretienne votre inquiétude.

Non! Surchargez votre prière de puissance en la remplissant d'espérance.

«Seigneur, je sais que *tu* organises un plan merveilleux.»

«Seigneur, je ne sais comment *tu* résoudras mon problème, mais je sais que *tu* as imaginé une solution et je *t'*en remercie.»

«Seigneur, *tu te* serviras de moi de plusieurs façons que je ne connais pas encore, mais je sais que *tu* as prévu un plan merveilleux.»

J'ai assez voyagé pour savoir que bon nombre de gens qui essayent de se servir de la puissance de la prière se font plus de mal que de bien. J'ai vu des gens qui se roulaient dans la poussière comme des vers de terre, déversant leurs supplications misérables à une vague divinité. J'ai entendu d'autres gens prier d'un cri d'enterrement, une voix qui chantonnait d'un ton gémissant et sanglotant, le visage long et torturé par l'angoisse. Ces prières ne représentent certainement pas une vraie communion avec Dieu; elles sont les démonstrations d'une personnalité névrosée et paniquée. La prière qui produit la santé, qui génère de la puissance, qui crée de l'amour de soi est pleine de l'esprit dynamique de l'optimisme.

Si vous vous êtes approché de Dieu avec honnêteté, si vous *lui* avez honnêtement demandé de vous purifier de toute culpabilité, si vous avez affirmé votre foi en *lui* et vous êtes abandonné à *sa* volonté, alors vous avez tous les droits du monde de vous attendre à ce qu'*il* fasse ce qu'il y a de mieux pour votre vie.

Ce qui ne signifie *pas* que vous pouvez vous attendre à une vie en rose; à recevoir tout ce que vous désirez. Mais vous pouvez certainement vous attendre à ce que votre vie se remplisse d'amour et de sens. Et si votre vie se remplit d'amour et de sens, vous serez envahi d'un sentiment grandiose de valeur personnelle et d'affection pour vous-même.

La Bible spécifie clairement que dans la vie, les chrétiens sont des soldats et non des touristes. Nous sommes aussi les serviteurs de Dieu et non *ses* invités.

Imprégnez vos prières d'espoir et vous commencerez à croire qu'avec Dieu, vous pouvez accomplir de grandes réalisations. Vous tenterez *l'impossible*. Et vous réussirez. Vous connaîtrez la joie envoûtante que l'on ressent en escaladant une montagne! Attendez-vous à ce que des événements se produisent et vous donnerez à la vie tout ce que vous avez en vous. Si vous ne vous attendez pas à ce que tout se passe bien, vous vous retiendrez, vous vous restreindrez et échouerez par votre propre manque d'anticipation joyeuse.

6. LA RÉJOUISSANCE TERMINE
LA TRANSPLANTATION DE L'IMAGE DE SOI

En imprégnant votre prière de louanges et de remerciements, vous y ajouterez de la puissance. Remerciez Dieu de ce qu'*il* a fait et de ce qu'*il* se prépare à faire. Remerciez Dieu de l'occasion qu'*il* vous donne de vous rendre utile et nécessaire dans la vie. Remerciez Dieu de vous libérer complètement de tout sentiment de culpabilité. Comptez tous les bienfaits de Dieu pour vous. Nommez-les les uns après les autres et vous serez surpris de voir tout ce que le Seigneur a fait. Remplissez vos prières d'affirmations de pensée positive. Toute votre fatigue, votre dépression, votre désespoir et votre découragement s'évanouiront alors. Votre coeur sera alors envahi d'espoir, de joie et d'entrain. Remerciez Dieu pour vos problèmes. Ce sont des opportunités déguisées. Remerciez Dieu de ne pas savoir ce que l'avenir vous réserve; cela signifie qu'*il* y travaille encore! Remerciez Dieu de tous les atouts dont *il* vous a doté. Pensez à tout ce que vous avez. Des yeux pour voir? Des oreilles pour entendre? Des doigts? Des mains qui peuvent écrire? Remerciez Dieu de ce que le Christ vit en vous; de ce qu'*il* aime les autres par vous.

Le docteur Henry Poppen est un membre de mon personnel qui a été missionnaire en Chine pendant quarante ans. Le jour où il fêtait le cinquantième anniversaire de son ministère, il a reçu la carte suivante d'un ami chinois d'outre-mer: *Docteur Poppen, nous nous souvenons de vous comme de l'esprit par lequel le Christ pense, comme du coeur par lequel le Christ aime, comme de la main par laquelle le Christ travaille.*

La prière peut vous transformer en une telle personne. Vous serez fou de joie en contemplant votre nouvelle image de vous-même.

XII

Laissez un vainqueur vous guider

VOUS SAVEZ MAINTENANT—

que rien n'est plus important pour votre santé émotionnelle qu'un sentiment merveilleux et chaud de valeur personnelle.

VOUS SAVEZ MAINTENANT—

que tant que vous ne vous consacrerez pas à votre côté le plus positif, vous continuerez à vivre une vie médiocre.

VOUS SAVEZ MAINTENANT—

comment vous construire une estime de vous-même qui génère de la confiance en vous-même et qui vous fasse devenir un merveilleux penseur positif.

MAINTENANT, RAPPELEZ-VOUS CECI—

la valeur personnelle est une propriété très fragile. Vous pouvez la perdre après l'avoir gagnée. Soyez sûr que votre belle estime de vous-même toute neuve sera vite assaillie de toutes parts.

Préparez-vous maintenant à conserver, à protéger et à polir votre affection de vous-même toute neuve. Comment allez-vous vous y prendre? En vous rapprochant de quelqu'un de fort, qui puisse satisfaire votre profond besoin de dignité personnelle.

Voici donc votre dernier devoir.

Laissez un vainqueur vous guider. Trouvez-vous un ami sincère, fort, sûr de lui et serein. Sa présence renouvellera votre estime de vous-même défaillante. Ce qu'il y a de tragique, c'est que dès que nous commençons à perdre un peu de respect de nous-mêmes, nous nous retirons immédiatement de quiconque nous paraît sûr de lui. Comme dit le vieux proverbe: «Qui se ressemblent s'assemblent.» Ceux qui réussissent bien cherchent des amis parmi d'autres gens en pleine réussite parce qu'ils se considèrent dignes de l'amitié précieuse de ces personnalités puissantes. D'autre part, ceux qui ne s'aiment pas eux-mêmes sont portés à rechercher la compagnie de gens qui sont aussi faibles, voire même plus faibles qu'eux.

Des parents se désespéraient de la délinquance juvénile de leur fille; ils ont donc déménagé en Californie, espérant ainsi la séparer de ses mauvais compagnons. Ils se sont installés dans un beau quartier bourgeois. À la fin de la première semaine, leur fille s'était fait de nouveaux amis dans sa nouvelle école. Vous avez deviné. Il s'agissait d'autres jeunes délinquants qui se droguaient. Comment ça? Pour deux raisons: (1) Elle ne se sentait pas digne de la compagnie de jeunes non drogués. Elle pensait se sentir jugée en s'associant à eux. (2) Dans un dernier effort pour sauver le peu d'estime de soi qui lui restait, elle avait recherché le type d'étudiants qui ne la condamneraient pas, ne la critiqueraient pas, ne la rejetteraient pas.

Cette jeune fille laissait les perdants contrôler sa vie. Nous nous sommes appliqués à reconstruire son sentiment de valeur personnelle jusquà ce qu'elle croie que des gens vraiment bien pouvaient aussi l'aimer et la respecter. J'ai demandé à deux jeunes qui avaient autrefois été dominés par la drogue de devenir ses compagnons. Ils s'étaient libérés de l'emprise de la drogue. Ils la comprenaient et l'ont acceptée telle qu'elle était et l'ont accueillie dans leur club de chrétiens. Là elle a rencontré la personne la plus extraordinaire au monde, Jésus-Christ. *Il* a transformé sa vie.

Elle a appris les circonstances extraordinaires de *sa vie. Il est né et a grandi dans la pauvreté. Il* a vécu dans ce qu'on appellerait la classe défavorisée de la société. *Il* n'avait ni garde-robe, ni résidence à montrer avec fierté. *Il* n'a jamais été le confident des grands hommes de *son* époque. *Il* était l'exemple classique de l'homme ordinaire. *Il* appartenait à un groupe minoritaire opprimé: les Juifs. Et pourtant *il* n'a jamais réagi avec agressivité. *Il* savait que les insultes et l'injustice pouvaient soit faire de *lui* un homme meilleur, soit détériorer *sa* personnalité. Tout dépendait de *lui*. En réagissant de façon positive, *il* a permis à *sa* situation sociale négative de *le* transformer en un homme plus sensible, plus compréhensif, plus miséricordieux.

Sa famille était simple et humble. *Son* père était charpentier. *Sa* famille vivait dans le quartier le plus pauvre du village démuni de Nazareth. Et pourtant *il* était fier de *sa* famille, parce que *ses* parents étaient des gens bien.

Il n'avait aucun diplôme, ne *s'*est jamais éloigné de plus de 120 kilomètres de chez *lui*, n'a publié aucun livre, n'a construit aucun édifice à colonnes de marbre. *Son* seul accomplissement a été de *se* construire une personnalité et une réputation qui allaient inspirer des millions de personnes qui n'étaient pas encore nées. Comment a-t-*il* fait pour devenir une telle personne? En *se* consacrant à construire le sentiment de valeur personnelle chez les gens qui semblaient sans valeur.

Comment faisait-*il* pour construire l'amour de soi chez les gens qui se condamnaient eux-mêmes?

Il ne les a jamais traités de pécheurs. Il leur donnait une nouvelle image d'eux-mêmes en disant des choses telles que: «Vous êtes la lumière du monde», «Vous êtes le sel de la terre», «Suivez-moi et je vous ferai pêcheurs d'hommes», «Tes péchés te sont pardonnés», «Si vous aviez autant de foi qu'un grain de sénevé, vous diriez à cette montagne: déplace-toi et rien ne vous serait impossible».

Même *sa* mort honteuse n'a pu détruire *sa* puissante confiance en lui. La crucifixion était la mort la plus honteuse possible: nu, sans voile, exposé en plein jour aux regards de tous, hommes, femmes et enfants. On l'a crucifié en compagnie de deux voleurs ordinaires. Et pourtant *il* est mort comme *il* a vécu: dans la dignité. Comment? En se souvenant de ceux qui, autour de *lui,* avaient des problèmes; *il* se souciait plus que tout de *ses* bourreaux: comme ils allaient se détester après avoir accompli ce meurtre sanglant! «Père, pardonne-leur, car ils ne savent pas ce qu'ils font.»

«*Son* esprit vit encore aujourd'hui. *Il* vit pour vous dire que vous aussi, vous êtes une personne merveilleuse lorsque vous permettez à Dieu de se servir de vous pour sauver les hommes de la dégradation personnelle et les aider à se relever et à retrouver leur dignité.

Dans le drame musical *The Man of La Mancha* (Don Quichotte de La Mancha), Don Quichotte rencontre une femme dans la rue: une prostituée folâtre et légère nommée Aldonza. L'homme de La Mancha s'arrête net, la regarde avec intensité et annonce que c'est une grande dame qu'il nommera Dulcinea. Elle lui répond d'un rire moqueur qu'elle n'est pas une dame. Mais Don Quichotte voit en elle tout un potentiel de grandeur et essaie désespérément de lui donner un sentiment de valeur personnelle, la nouvelle image de soi de la personne qu'elle est vraiment, si elle réussit à y croire. Il insiste en affirmant qu'elle est sa dame. Blessée et en colère, ses cheveux en désordre retombant sur ses beaux seins nus, elle hurle qu'elle n'est qu'une cuisinière et une prostituée: c'est-à-dire un rien du tout. Elle est Aldonza et pas Dulcinea. Elle s'enfuit de la scène en courant pendant que l'homme de La Mancha murmure encore qu'elle est une grande dame. À la fin de la pièce, Don Quichotte est mourant. Il sent qu'il a échoué. À ses côtés arrive Aldonza-Dulcinea, adorable dans sa nouvelle gentillesse. Confus, il ne reconnaît pas cette belle étrangère jusqu'au moment où, d'une voix chaude, elle lui dit qu'elle est sa Dulcinea. Il l'a sauvée de sa haine d'elle-même et lui a appris à s'aimer. Elle est vraiment née à nouveau.

À l'occasion, quelqu'un d'autre accomplira des merveilles dans votre vie, comme l'a fait Don Quichotte pour Aldonza. Mais Jésus-Christ opérera toujours des changements miraculeux dans votre vie, si vous le *lui* permettez.

Permettez-moi de vous parler de Vicky, belle jeune fille de notre communauté dont l'histoire illustre ce que je vous dis. Elle a étudié à Berkeley où elle a commencé à s'adonner à la drogue. La marijuana et le LSD ont commencé à faire partie de sa vie quotidienne. Quand ses parents lui ont demandé de venir leur rendre visite à la maison, elle a accepté à une condition! Qu'on lui permette de retourner à Berkeley et de ne plus jamais rentrer à la maison. Ses parents m'ont téléphoné pour me supplier de lui parler pendant qu'elle leur rendrait visite. Toute la famille s'est rendue dans mon bureau: le père, la mère et la fille. Vicky avait une mine terrible. Son beau jeune visage était tourmenté. La tension intérieure, son sentiment de culpabilité et son comportement dur avaient modifié son apparence. Elle m'a déclaré avec sincérité: «J'ai trouvé Dieu dans le LSD. Nous avons nos services religieux tous les vendredis soirs. C'est merveilleux. Vous ne savez pas réellement qui est Dieu tant que vous ne *le* rencontrez pas par le LSD.»

«Je crois que j'ai trouvé Dieu en Jésus-Christ, lui ai-je répondu. Toi, tu affirmes avoir trouvé Dieu dans le LSD, ai-je continué. Qui a raison? Toi ou moi? Mettons Dieu à l'épreuve, lui ai-je suggéré. Dieu est amour — tu es d'accord?» Elle a hoché la tête affirmativement. «L'amour, c'est aider les autres, ai-je ajouté. Es-tu d'accord?» Elle a de nouveau hoché la tête. «Combien d'argent avez-vous recueilli au cours de vos services LSD pour nourrir les pauvres, aider les infirmes, trouver un remède contre le cancer?» lui ai-je demandé. Elle se tut.

«Je dois te dire, Vicky, ai-je continué, que grâce à l'esprit de Jésus-Christ qui vit dans la vie des membres de cette église, nous avons pu ces douze derniers mois consacrer cinquante mille dollars pour aider les humains qui avaient des problèmes. L'Église chrétienne a construit des hôpitaux, des institutions pour aveugles, malades et infirmes et s'est occupée de millions de gens malheureux.»

Le regard de la jeune fille s'est rempli de tristesse et de déception.

«Levons-nous tous, tenons-nous la main et prions», ai-je suggéré. Nous avons formé un cercle, le père, la mère, la fille et moi. J'ai prié très simplement: «Jésus-Christ, *ton* esprit d'amour vit dans mon coeur. Je *te* prie d'entrer dans la vie et dans le coeur de Vicky Snapp.» Lorsque j'ai terminé, j'ai vu une larme couler sur la joue de la jeune fille. J'ai recueilli doucement sur sa joue la goutte humide de chaude émotion. En la lui montrant, je me suis écrié: «Vicky, regarde ce qui est tombé de ton oeil! Ne t'es-tu pas sentie merveilleusement bien pendant que cette larme se formait et coulait? C'est l'expérience la plus profonde et la plus heureuse qu'un être humain puisse éprouver. C'est une émotion religieuse. C'est le mouvement de l'Esprit divin en toi. Le Christ est entré dans ta vie, Vicky. Laisse-*le* entrer. N'aie pas peur de *lui*. En entrant chez les gens, le Christ ne détruit rien. Beaucoup d'éléments merveilleux renaîtront en toi lorsque le Christ viendra vivre en toi. Regarde le ciel: il est bleu. Regarde l'herbe: elle est vraiment verte. Regarde les fleurs: elles sont vraiment rouges. Pendant que tu vivais l'expérience enlevante qui a suscité cette larme dans ton oeil, tu te contrôlais complètement. Ça, c'est la réalité. Ce n'était pas une expérience créée artificiellement. Elle était authentique. Le monde qui t'entoure n'est pas déformé ni caché dans un brouillard psychédélique. Tu peux faire confiance à ce Christ.» Les larmes coulaient à torrents des yeux de Vicky. Le Christ avait pris le contrôle.

Son visage s'est transformé presque immédiatement. Ses yeux rétrécis par le soupçon et la révolte se sont arrondis, ouverts et embellis; la jeune fille était émerveillée. Son visage qui avant était tendu et vieilli s'est détendu. Ses joues sont redevenues celles d'une jolie jeune fille aux joues rondes et pleines.

C'était il y a deux ans. Aujourd'hui Vicky Snapp se consacre à aider les gens à découvrir que la plus belle expérience au monde ne s'atteint pas grâce à la drogue, mais en s'accordant avec Jésus-Christ, qui vous fait vraiment revivre! Quand *il* fait partie de vous, vous ne pouvez pas vous empêcher de vous aimer vous-même.

«Le Christ transforme-t-il vraiment les gens en profondeur?» me demanderez-vous. Certainement! Permettez-moi de vous expliquer ce processus dans un cadre scientifique. Dans son ouvrage si populaire intitulé *Games People Play* (Les jeux des humains), le grand psychiatre Eric Berne explique que chaque personne se compose d'au moins trois états d'ego. Ceci explique beaucoup d'aspects de notre comportement, bons ou mauvais. Il y a l'état d'ego infantile. En un certain sens nous restons des enfants toute notre vie. C'est ce qui explique pourquoi certains adultes agissent parfois comme des enfants, en faisant la moue, en se battant, en criant. L'adulte tente d'une façon infantile de trouver de l'amour de soi. Quand nous étions enfants, il nous est probablement arrivé d'obtenir ce que nous voulions en faisant la moue, en criant ou en nous mettant en colère. Bien entendu, ce n'est pas une façon de construire l'amour de soi, surtout pas pour des adultes.

Le second état d'ego est l'état parental. La mémoire de notre subconscient le plus profond a enregistré toutes les réactions de nos parents dont nous avons été témoins ou que nous avons subies. Que de fois dans la vie, lorsque nous traversons une période de crise, nous nous surprenons à réagir exactement comme notre père ou notre mère agissait. Tout d'un coup, à votre grande surprise, vous vous rendez compte de votre réaction et vous vous dites: «Seigneur, c'est exactement maman (ou papa).»

Le troisième état est celui d'adulte. Certaines fois vous ne réagissez ni comme votre père ou votre mère, ni comme un gamin, mais en adulte mûr et indépendant. Selon Berne, c'est ça, la maturité.

Mais je crois qu'il peut exister un quatrième état d'ego. En abandonnant profondément, émotionnellement, intellectuellement et avec admiration votre conscient et votre subconscient à Jésus-Christ, un nouvel ego se développe en vous. Vous vivez l'état d'ego de Jésus-Christ.

Il m'arrive dans la vie, comme à tout le monde, d'agir selon mon état d'ego infantile. Bien d'autres fois, je remarque que mon état d'ego parental est en action. D'autres fois encore, je réagis en adulte plein de maturité. Mais très souvent je remarque que c'est l'Esprit du Christ qui me contrôle. Des paroles sortent de mes lèvres et inspirent les gens et j'en suis le premier étonné. Ce sont des expériences exaltantes au cours desquelles je peux dire avec Saint-Paul: «Ce n'est plus moi qui vis, mais le Christ qui vit en moi.» À cet instant noble, je me sens envahi d'un sentiment énorme de valeur personnelle. On trouvera peut-être la clé de l'amour de soi dans les paroles de Saint-Paul: «Laissez l'esprit du Christ entrer en vous.»

Lorsque l'état d'ego du Christ commence à faire partie de votre personnalité, tout change parce que vous vous mettez à vraiment aimer les autres autant que vous-même. Comme Fromm le fait remarquer, il existe des niveaux d'amour différents: (1) Je te veux, donc je t'aime; (2) J'ai besoin de toi, donc je t'aime. Dans ces deux cas, l'amour est plutôt conditionné et sélectif. À ces niveaux, l'amour est plutôt porté vers soi-même. L'amour doit s'élever à un niveau plus satisfaisant: (3) Tu as besoin de moi, donc je t'aime. Le problème, c'est que nous n'osons pas aimer à ce niveau tellement nous n'avons pas appris à nous aimer nous-mêmes.

Quand nous nous aimons nous-mêmes, nous désirons nous donner. Et nous n'osons nous donner aux autres que lorsque nous avons en nous de l'assurance, de la confiance et que nous nous sentons bien avec nous-mêmes. Il faut beaucoup de courage pour aimer. Parce qu'aimer signifie s'engager, courir le risque d'être déçu, exposer le côté le plus intime de notre personnalité à une autre personne. Seuls ceux qui ont vraiment et profondément confiance en eux trouvent le courage d'aimer à un niveau si vulnérable. Comment pouvons-nous nous aimer assez profondément pour courir le risque de nous donner?

La seule façon que je connaisse de faire pénétrer et de conserver ce type d'amour, qui est le niveau d'amour le plus profond qui existe dans la vie d'une personne, est que cette personne permette à l'Esprit du Christ d'entrer dans sa vie. Dès que l'Esprit du Christ fait partie de votre esprit, vous commencez à prendre confiance en vous, à vous aimer vous-même et à donner de vous-même. Je vous propose ici une prière qui peut vous faire entrer dans une vie nouvelle. Récitez cette prière chaque jour pendant trente jours.

Seigneur — voici mon esprit — pense par lui.
Seigneur — voici mon visage — brille par lui.
Seigneur — voici mes yeux — regarde les autres par eux.
Seigneur — voici mon coeur — aime les autres par lui.

Pour que votre amour de vous-même continue à croître et à briller, suivez un vainqueur. Lisez *sa* parole. Rencontrez le Christ dans la Bible. Joignez-vous aux chrétiens heureux de l'église de votre communauté. Vous serez envahi de *son* esprit. *Il* vivra *sa* vie à travers la vôtre. Votre vie deviendra un gant revêtant la main du Christ. Vous trouverez que la vie vaut la peine d'être vécue, en découvrant un Dieu qu'il est bon d'aimer.

Collection ⌂ découverte

Robert H. Schuller

Découvrez
les miracles
dans votre vie

Découvrez les miracles dans votre vie

Avez-vous compté les miracles qui sont arrivés dans votre vie récemment ? Des centaines de millions de miracles se produisent chaque jour, mais seuls ceux qui y croient les reconnaissent au passage.
Développez votre vision et **Découvrez les miracles dans votre vie.** Ce petit livre contient des instruments merveilleux qui vous permettront de découvrir les miracles qui se produisent chaque jour dans votre vie.

2,50 $

En vente chez votre libraire.

Les Éditions «Un Monde Différent» Ltée
3400, boul. Losch, Local 8
St-Hubert (Québec) Canada   J3Y 5T6

Découvrez
la liberté

Brisez les chaînes qui vous retiennent et **Découvrez la liberté !** Voici des suggestions pratiques de changement. Vous pouvez réaliser vos rêves et utiliser tout votre potentiel. Vous pouvez aussi rester l'esclave de vous-même. À vous de choisir !

2,50 $

En vente chez votre libraire.

Les Éditions « Un Monde Différent » Ltée
3400, boul. Losch, Local 8
St-Hubert (Québec) Canada   J3Y 5T6

Collection découverte

Robert H. Schuller

Découvrez la santé et le bonheur

Les Éditions
Un monde différent ltée

Découvrez la santé
et le bonheur

Vos sentiments peuvent jouer pour ou contre vous.
Ce n'est qu'avec des sentiments positifs que vous
Découvrez la santé et le bonheur. Ce livre renferme
des conseils pratiques sur la façon d'éliminer les
sentiments négatifs qui vous empêchent de jouir de
la vie. Voici votre chance de vivre pleinement votre
vie !

2,50 $

En vente chez votre libraire.

Les Éditions «Un Monde Différent» Ltée
3400, boul. Losch, Local 8
St-Hubert (Québec) Canada   J3Y 5T6

DÉCOUVREZ L'AMOUR DE SOI

Il faut s'aimer soi-même si l'on veut aimer la vie et aimer autrui. Le mal qui afflige la race humaine est le manque d'amour de soi. Aucun mal ne cause un tel tort à la vie que l'incapacité de l'homme de s'aimer lui-même. Ces pages contiennent des idées et des suggestions pratiques qui vous aideront à développer l'estime de vous-même. L'amour de soi fera jaillir en vous une source inépuisable d'énergie et le vif désir de vivre et d'aimer. DÉCOUVREZ l'amour de soi, la clé du succès.

2,50$

En vente chez votre libraire.

Les Éditions «Un Monde Différent» Ltée
3400, boul. Losch, Local 8
St-Hubert (Québec) Canada   J3Y 5T6

Recettes de bonheur
pour un foyer heureux

Combien de mariages, combien de foyers vraiment heureux connaissez-vous? Il en existe certainement. Voici un livre qui sera
peut-être votre planche de salut et qui vous apprendra à remplir
votre foyer de joie, de foi et de vitalité.

Pour tous ceux qui en sont arrivés à la conviction que la famille
est en train de disparaître en tant qu'institution dynamique et créatrice au sein de la société moderne, voici un livre qui établit la
fausseté de cette théorie. La famille est ici pour rester et c'est à
chacun de ses membres qu'incombe la responsabilité de la garder
forte.

8,95$

En vente chez votre libraire.

Les Éditions «Un Monde Différent» Ltée
3400, boul. Losch, Local 8
St-Hubert (Québec) Canada   J3Y 5T6

Devenez la personne
que vous rêvez d'être

Avec clarté et simplicité, le docteur Schuller explique comment vaincre la peur de l'échec, comment apprendre à résoudre les problèmes et débarrasser l'esprit des forces négatives et déplaisantes.

Il vous enseigne à construire une confiance en soi à toute épreuve qui ouvrira les portes de la réussite. Peu à peu, il prépare votre esprit aux talents, aux ressources, à l'enthousiasme et aux chances que vous possédez mais que vous ignorez.

9,95$

En vente chez votre libraire.

Les Éditions «Un Monde Différent» Ltée
3400, boul. Losch, Local 8
St-Hubert (Québec) Canada   J3Y 5T6